Travels in The North

Exemplified by the Author's Drawings

走進北國

挪威、瑞典、丹麥之旅

Karel Čapek

卡雷爾・恰佩克——著

譯——廖婉如

Ljusdal

目錄

北上旅程
The Journey North

北上旅程……9

丹麥
Denmark

丹麥……18
哥本哈根……28

厄勒海峽的另一端
On the Other Side of the Öresund

厄勒海峽的另一端……38
斯德哥爾摩和瑞典人……51
斯德哥爾摩周圍……58
途中……67

Contents

目　錄

挪威
Norway

奧斯陸……76　卑爾根線……81　卑爾根……98
一路到尼德羅斯……103　搭乘「霍肯・埃達斯坦」號……120
越過北極圈……139　羅孚敦群島……154　特羅姆斯……170
海峽與峽灣……182　港灣和登陸點……191
北緯七十度四十分十一秒……206　北角……213
歸程……223　那維克……232　奧福特鐵道……236

又回到瑞典
Again in Sweden

北歐苔原……240　瑞典森林……251　古老瑞典……262
哥德人的土地……270　夜晚……281

I

The Journey North

北上旅程

北上旅程

這趟旅程是在很久以前，從我少年時代開始的；當時我們經常從韋加（Vega）的哥特堡（Göteborg），或從瓦爾多（Vardö）隨「前進號」（Fram）[1]出發！。「我們前方是寧靜遼闊的大海。」沒錯，多美好的歲月。但人生是說不準的，也充滿了冒險；我沒有變成北極探險家，只是機遇的問題。然而，在那段歲月裡，在終年不化的冰山之中，有一片未知土地等著被發掘，北緯八十九度三十分；那裡有座火山溫暖了我的島，讓橘子、芒果，還有所知不多的其他果實熟成；有個無人知曉但高度開化的民族居住在那裡，靠海牛乳汁維生。現今說不定再也沒有人能發現那座島。

第二趟北上旅程所花的時間更長，想必也不會有終點；途中的港口和驛站名為齊克果[2]、雅各布森[3]、史特林堡[4]、漢森[5]等等；我大可拿一些名字填滿斯堪地

1 譯註：專為極地探險設計的帆船。挪威探險家南森（Nansen）、斯韋德普魯（Sverdrup）等人於一八九〇至一九一二年間搭乘這艘帆船在兩極地區探險。挪威探險英雄阿蒙森也是搭乘前進號征服南極。

那維亞半島的地圖，像是勃蘭兌斯[6]和吉勒魯普[7]、蓋耶爾斯坦姆[8]、拉格洛夫[9]，以及海登斯坦[10]、加堡[11]、易卜生[12]、比昂松[13]、李[14]、謝朗[15]、杜恩[16]、溫塞特[17]等，

2 譯註：齊克果，一八一三－一八五五，丹麥神學家、哲學家及作家，一般被視為存在主義之創立者。
3 譯註：雅各布森，一九〇二－一九七一，丹麥建築師、設計師暨丹麥現代主義二十世紀的代表人。
4 譯註：史特林堡，一八四九－一九一二，瑞典作家、劇作家和畫家，被稱為現代戲劇創始人之一。
5 譯註：漢森，一八五九－一九五二，挪威作家，一九二〇年諾貝爾文學獎得主。
6 譯註：勃蘭兌斯，一八四二－一九二七，丹麥評論家和學者。
7 譯註：吉勒魯普，丹麥詩人和小說家，一九一七年諾貝爾文學獎得主。
8 譯註：蓋耶爾斯坦姆，一八五七－一九〇九，瑞典小說家。
9 譯註：拉格洛夫，瑞典作家與教師。一九〇九年諾貝爾文學獎得主。
10 譯註：海登斯坦，瑞典詩人、小說家，一九一六年諾貝爾文學獎得主。
11 譯註：加堡，一八六二－一九三四，挪威作家、小說家、劇作家、詩人。
12 譯註：易卜生，一八二八－一九〇六，挪威劇作家，被認為是現代現實主義戲劇的創始人。
13 譯註：比昂松，一八三二－一九一〇，挪威作家，一九〇三年諾貝爾文學獎獲得者。
14 譯註：李，一八三三－一九〇八，挪威作家，與易卜生、比昂松和謝朗並列為十九世紀挪威文學界「四傑」。
15 譯註：謝朗，一八四九－一九〇六，十九世紀最著名的挪威現實主義作家之一。
16 譯註：杜恩，一八七六－一九三九，挪威小說家。
17 譯註：溫塞特，一八八二－一九四九，挪威小說家，一九二八年諾貝爾文學獎得主。

I —— The Journey North
北上旅程

我不曉得還有哪些人；例如，霍塞斯壯[18]，以及奧拉漢森[19]、博耶[20]等等，像是尼克索[21]和其他人。就當作我在羅孚敦群島（Lofoten）或達拉納省（Dalarne）[22]待過一段時間、當作有段時日我經常穿越卡爾約翰斯大道（Karl Johans Gate）[23]！這是沒用的，總有一天你得走出去，起碼去看看世界上那些你覺得愜意的地方；然後你會驚奇，在雙重驚異中打顫；要不你覺得那地方似曾見過，要不壓根超乎想像。這是偉大文學作品的奇特之處：它是一個民族保有的最具民族性的東西，而且它說的是人人聽得懂又熟稔親暱的語言。沒有哪一種外交手腕，沒有哪一種國際聯盟（League of Nations）[24]，能夠像文學這般具有普世性；可是人們不認為它夠分量；結果他們依

18 譯註：霍塞斯壯，一八六六－一九六〇，瑞典作家、短篇小說作家、戲劇家、詩人。
19 譯註：奧拉漢森，一八六〇－一九二五，瑞典詩人、散文作家和評論家。
20 譯註：博耶，一八七二－一九五九，挪威小說家、劇作家。
21 譯註：尼克索，一八六九－一九五四，丹麥作家。
22 譯註：位於瑞典中部的一個舊省。
23 譯註：挪威奧斯陸的主要道路。
24 譯註：第一次世界大戰結束後，於一九二〇年成立的一個政府間國際組織。

I —— The Journey North
北上旅程

舊相互憎恨，或形同陌路。

接著，還有另一趟旅行，或者說北國朝聖。就是非要到北國去才成；因為那裡有樺樹和森林，因為那裡綠草如茵、水色瀲灩；因為那裡銀白冷冽、霧深露重，合起來有一種美，比什麼都溫柔都凜厲。因為我們也地處北方，靈魂深處總留著些許北方的冷冽與甘醇，縱使秋收的溽熱也融化不了；一丁點殘雪，一片樺樹皮，梅花草的白花盛開。到白色北國、綠色北國、蓊鬱又淒美的北國朝聖，前往可畏又可愛的北國。沒有月桂樹，也沒有橄欖樹，但有赤楊、樺樹和楊柳，柳蘭花穗、滿身小花的歐石楠、風信子、烏頭草、苔蘚，還有羊齒蕨；溪澗旁的繡線菊、林中的冬蟲夏草；熾盛的南方也不見如此多產、如此嬌媚、如此樹汁露水洇潤、如此得福於匱乏與美，就像午夜太陽照耀之地。當你要朝聖——但這是一件苦差事，老兄；勞心勞力；可是當你要朝聖，不妨直抵那片世外桃源，看看它是不是你一向尋尋覓覓的。是的，感謝老天爺，正是它沒錯；我見識了我的北國，心滿意足。

不過，還有另一趟北國之旅。現今人們常把國家與民族掛嘴邊；起碼你應該去看看它們。就我來說，譬如我曾見了純正的日耳曼人；我帶回的印象是，那是個傑出勇敢的種族，熱愛自由與和平，注重個人尊嚴，不會任人指使，壓根不需要他人來領導。當你展開一趟旅行，想要認識不同民族，千萬要去看看那些活得更快樂且心靈成熟的民族。我前往歐洲的午夜太陽照耀之地瞧了瞧；感謝老天爺，那裡還真不賴。

II

Denmark

丹麥

丹麥

於是你越過德國邊界，來到日德蘭半島（Jutland）的土地漫遊。乍看甚至沒有明顯差別；邊界的兩側是同一片平原，起伏和緩，和緩得讓你沒法說它扁平得像桌面。兩側的乳牛毛色同樣黑白相間，但另一邊的郵差穿深藍外套，這一邊的穿精緻紅外套；另一邊的站長就像站長，這裡的讓你想到和善的老船長。人民及其政府和各種法規，造就出世上許多巨大鮮明的差異。何不噘嘴用口哨吹一首輕快的曲子，看著這些身上黑一塊白一塊的乳牛，將牠們的丹麥眸子悠然轉向我們？

一個翠綠的小國，就像地圖裡的平原塗上顏色；綠草地，青翠牧場，點襯著牛羊；暗色的矮

接骨木綻放一簇簇白花，藍眼珠的女孩們膚色白皙，沉靜又善感的人民，一片你可以用尺來畫的平原——他們說，附近有一座山，他們甚至把它叫做「天山」（Himmelbjerg）；有個我認識的人開車尋找那座山，卻找不著，於是問路人該往哪個方向走；他們告訴他，他肯定經過它好幾回了。不過沒關係；你遠遠的就能看到它，假使你踮起腳尖，說不定還能看到海。這個嘛，為何不呢，這是小小的一片土地，縱使大大小小的島嶼總共有五百座；它是一小片麵包，但抹了厚厚一層奶油。你不禁要讚美那天賜的牛羊、穀倉和飽滿的牛乳腺，在樹冠間聳現的教堂鐘塔，在清新微風中轉呀轉的風車翼板。

只不過這時我們已經橫跨小貝爾特海峽（Little Belt）上的新橋，來到菲因島（Funen）；這島看起來更像一座花園，而不是個不起眼的地方。沒錯，我應該沿著楊柳夾道的平緩小路晃蕩、沿著赤楊夾道的小路晃，循路一直晃到地平線上的教堂鐘塔；但我們只是路過這裡，親愛的小徑，因為我們要去看午夜太陽。況且這裡沒有村落，跟我們的家鄉一樣，只有一戶戶農家點點錯落在蒼翠草地中；紅屋頂的農家；有個穿著紅制服的郵差騎單車從一戶農家兜轉到另一戶。每戶農家孤

零零坐落在自家的蔥綠原野中，在西側，也就是有風吹來的那一側，有高及煙囪的一片樹籬密實遮擋著，每片牧場圍著鐵絲網籬，有沉靜的白鬃馬或成排的紅牛低頭吃草；牠們其實被栓繩繫在樁上，但你看不到繩樁，你會驚嘆這裡的牛隻長得肥肥壯壯，排排站低頭吃草。或者全都坐臥在草地上，一派沉著安詳，一起反芻。又或成群的羊隻，沒摻雜毛色黑的或髒汙的，蒙揀選的清一色小羊在造物主的右手邊吃草。或者尋常老耆（common elder）[1]無憂無慮入定似的在那兒牧羊，體態圓潤的楊柳和肥碩健壯的樹木，平靜地

1 譯註：黑接骨木。

II —— Denmark

丹麥

細細品嘗土地的水分、清風和銀白天光。一概是神的牧地。無非是神的造化，甚至看不出人為的鑿痕；手法簡練蘊藉。

其實它看起來像是從一個大玩具盒裡取出來的，整潔羅列在和緩的平原上；這給你，孩子，去玩吧；這裡有房屋和馬廄、棕牛和白鬃馬。你這裡有一座白教堂，我來告訴你它的塔樓上為什麼有十三個凸起：那裡有十二門徒像，頂端是耶穌基督本身。現在把這些玩具整齊地擺在綠草地上，讓整片綠草地好看又豐富；把風車放在這裡，穿紅外套的郵差放在那裡，一些蓬頭大樹擺在那裡，這裡擺幾個朝你揮手的娃兒人偶（沒錯，這裡肯定也有火車）；好嘍，你說，這遊戲怎能不美妙！喔，對了，這裡不就是歐登賽（Odense），安徒生的故鄉；難怪玩具栩栩如生，難怪牛隻輕甩尾巴、馬兒揚起美麗的

頭顱、人偶會到處移動，縱使輕悄悄的沒有聲響。這就是菲因島。

因為這裡是菲因島，我們必須在它周圍布置海洋；平靜清澈的大海，海面上有玩具船，像一枚枚白羽的帆船，像一片片黑紗的汽船；因為是遊戲，我們把火車推到一艘船上，坐火車渡海。我不是說遊戲嗎？因為船上都是孩童，那船喘著氣越過大貝爾特海峽（the Great Belt），載著一大批小傢伙，有藍眼珠、一臉雀斑、動來動去的小男生，還有嘰嘰喳喳的小女生，紅髮的調皮鬼，像一大群小雞擠入籠裡。天曉得，他們要把這類商品帶往哪裡；大貝爾特海峽上空的海鷗趕忙聚攏到這裡，來窺看這些人形魚苗，像一面大旗子隨船飄動，喧嚷地

II —— Denmark
丹麥

翻飛。

地平線上那些低低的線條，就是丹麥；菲因島在我們身後，澤蘭（Zeeland）在前方，還有斯普羅島（Sprogø）、愛厄斯島（Agersø）；你很難相信，人和牛和馬竟可以生活在那麼平坦的線條上。瞧，整個丹麥不折不扣是地平線構成的；但反過來說，他們頭頂上的那片天空多麼高闊！

澤蘭，一片有牛有羊有馬的蒼翠草地；瞧，這讓人心曠神怡的土地，放眼望去全是牛、都是牛，牛隻的幸福寶地！田埂長出接骨木漿果和麝香草莓（hautboy），草原上有赤楊和柳樹；每座農場上方蔥蘢的樹冠層層簇簇，蓬大得像教堂。它看起來像公園，其實是生產奶油、雞蛋和豬隻的工廠；你反而會說，這些牛在這裡只是為了增添美感和天賜的祥和。沒見幾個人影；有的話，就是戴草帽的園丁，或更常看到的是，一匹白鬃馬嚴肅而睿智地目送遠去的火車，隨而聳聳肩。急什麼呢！——這個嘛，想去北方看看呀，馬兒！——看什麼呢？——去看看和學學那裡的人啊馬啊和馴鹿怎麼過生活。馴鹿？那是什麼東西？——是一種動物，馬兒；牠們長茸角，而且會拉雪橇，跟你一樣。——我什麼都不必拉，可不是？老兄——你在這裡可曾看過輓馬？我們只管吃草，時而閉目養神，直到馬鬃發白。

一片恬靜整潔的土地；幼小松木林取代了籬笆，就像我們的媽媽刻的紙雕，立在邊櫃上當擺飾；牛群和更多的牛群，古老小鎮，和新闢的農場、一座教堂，還有風車——全都錯落有致地散布在遠方，乍看之下，小巧得像從盒子裡取出的玩具；始終更像安徒生的世界，不太像齊克果的世界。沒錯，富庶的土地，奶油

II —— Denmark

丹麥

與牛乳流淌的土地，平靜的土地，可親的土地。沒錯，那麼請告訴我，為什麼他們說，這裡的自殺率最高？這個嘛，也許原因在於，這片大地屬於滿足又沉靜的人，是吧？不快樂的人也許格格不入；他為自己的憂愁感到羞愧，結果羞愧而死。

不止如此，還有丹麥樹林。其實不是樹林，而是樹叢；山毛櫸樹欉和大教堂似的橡樹叢、一大群赤楊、輕柔如絮的叢林、德魯伊教（Druidic）祭殿的古林；戀人的樹叢，膜拜的樹叢，但不是會沙沙低語的那種大樹林。總的來說，一個溫馴、討喜又和善、溫柔又高尚的國家；你甚至不會說它是個國家，反倒像座美好的大農場，是造物主親力栽培，然後交給人類好好耕耘。

哥本哈根

胖嘟嘟的鄉下小孩，頭超大，古靈精怪：這就是丹麥。想像一下，在總人口數達三百萬的國家、居民有一百萬的首都是什麼模樣；一座漂亮的城鎮，雍容華貴、簡直新穎、生氣勃勃且寬敞開闊。據說，不過幾百年前，哥本哈根入夜後城門會關閉上鎖，丹麥國王會把城門鑰匙放在床頭櫃上。今不再有城門，而且哥本哈根有「北方的巴黎」之稱。（在羅孚敦群島，在西奧倫群島〔Vesterålen〕也是，他們稱特龍瑟〔Tromsø〕是「北方的巴黎」，不過那是另一回事。）如今哥本哈根是出了名的浮華之城，不，甚至是出了名的放蕩之城；所以也有人預言它下場悽慘。其實他們有一座國王騎馬雕像；由於雕像是鉛製的，鉛馬載著鉛製國王已經筋疲力竭，馬肚逐漸下沉，就要觸及地面。據說，馬肚一旦觸及臺座，哥本哈根就會覆亡。事實上，我看見老老少少深夜坐在雕像下；也許他們在等待毀滅的徵兆。

說到哥本哈根，你會想到哥本哈根瓷器；但那裡還有其他很多事物值得一提，特別是：

1. 騎單車的男男女女。這裡騎單車的人跟在荷蘭一樣多，他們在街道上颼颼疾馳，或成群結隊，或結伴同行。在這裡，單車不是交通工具，反倒跟土、水、火、風一樣，是宇宙的必要元素。

2. 時尚店。我從沒看過有哪個地方像哥本哈根有這麼多的女性時尚店；不過是一股熱潮，就像布拉格的酒吧，或北極圈的港口咖啡屋。

Travels in the North
走進北國：挪威、瑞典、丹麥之旅

3. 街道上沒有警察。「我們守望相助」。

4. 戴著巨大熊皮高帽的皇家衛隊。曾有十二名禁衛兵打從我們眼前走過，雄赳赳氣昂昂。我們的導遊驕傲地指著他們說：「我們半數的軍隊都給你們看到了。」

5. 藝術品。凡是想觀賞法國雕塑家作品，法居耶（Falguière）、卡波（Carpeaux）和羅丹，或對高更感興趣的人，一定要來哥本哈根。這全拜啤酒所賜。嘉士伯啤酒廠（Carlsberg Brewery）

大本營就在這裡，營收的利潤多半捐給了大名鼎鼎的嘉士伯基金會，以獎勵藝術創作和科學研究。天啊，我們只要在家裡舒舒服服喝一杯，就是贊助藝術創作，然後就會有一些雕像和畫作問世！可惜不是每個國家都有雅各布森（Carl Jacobsen）和夫人奧特拉（Ottilie）[2]！否則該有多好。

6.

斯文・博爾柏格（Svend Borberg）。他是新聞記者、作家、舞者、演員和雕塑家，也是易卜生和比昂松的孫女婿，一個清瘦才俊、有張維也納會議年代外交官的臉孔。見識過哥本哈根，卻不認識博爾柏格的人，其實一無所知，那麼你從韋斯特伯大街（Vesterbogade）繞過蒂沃利樂園（Tivoli），直奔阿馬林堡宮（Ama-

lienborg）便毫無意義；即便如此，你還是可以前往蒂沃利樂園，因為——

7. 蒂沃利樂園是哥本哈根的首都，盪鞦韆、靶場、噴泉、酒吧和遊樂之城、兒童和戀人之城，老少咸宜，一座美妙的主題樂園。也許它的獨一無二來自它的高人氣、通俗溫馨，還有它的純真、歡樂、慶典般的熱鬧——

8. 還有什麼呢？沒錯，運河、魚市場、皇家宮殿，還有水手酒吧，六角風琴手會在裡頭閒混，直到夜清如水；商紳的珍貴老宅、盧恩石碑（runic stone）[3]、穿著印花連身裙步出時尚店的雀躍女孩、胖嘟嘟的健壯小孩——

9. 沒錯，胖嘟嘟的健壯小孩，吃乳酪和牛奶長大，就像哥本哈根的這位安妮卡一樣，她住在一棟明亮丹麥小屋，我徵得同意後把她畫在這裡。

10\. 而且沒有遊民、沒有一丁點髒污和悲慘；不久前他們發現，在耶誕節無家可歸、露宿街頭的僅十六人。沒有人會用不信任的眼光看著你；你在酒吧裡點威士忌，他們會給你一整瓶；事後再告訴我們你喝了多少杯。我跟你說，在這裡生活可以過得很好；但說了也是白說，朋友們，我們只在這裡停留片刻，那麼，順道說一句，再會吧。

11\. 臨別之前在長堤碼頭（Langelinie）漫步，望穿清澈的北方黑夜，目送閃爍光亮的汽輪航向哥特堡或馬爾默（Malmö）；說也奇怪，我們總是羨慕出航的船，也羨慕在視線裡漸漸隱沒的海岸。

• • •

還有赫爾辛格（Helsingør），《哈姆雷特》裡的赫爾辛格（Elsinore），以及克倫堡（Kronborg）。還有那丹麥海灘傍著珠光色大海，在一片嬌豔的攀緣玫瑰掩映下的丹麥茅屋、山毛櫸樹欉和棕牛群。然後是克倫堡，也就是赫爾辛格。坦白說，它看起來不像有個鬱鬱寡歡的王子住在那裡，雖然它巍峨懾人，而劇中幽魂經常出沒的稜堡，現在有八座砲臺，一名丹麥小兵威武地注視對面的瑞典海岸。從前他們會在這裡對船舶徵收通行費；現在他們只在軍艦駛過之際鳴放禮炮。這裡不再有戰事。

那邊現在是瑞典海岸，對岸那條低低的藍線；我們按丹麥人的習俗，向即將離去的這片親切和善的土地好好辭別。於是我們舉起一杯阿夸維特酒（aqua-vit）[4]，神情嚴肅，雙唇緊閉，目光凝滯，彷彿陷入深思；然後我們定定地、熱切地又彷彿有點深情款款地凝視博爾柏格的雙眸，輕聲說「*skaal*」（乾杯），仰脖將阿夸維特灌進喉嚨，隨後優雅欠身。這有點困難，尤其是你頻頻這麼做，而且做得很徹底。然而長久以來，勤懇盡責的旅人會記得自己呻吟喘息，艱難地爬過的唯一一座丹麥山脈。就是堆疊如山的食物。

2 譯註：嘉士伯基金會創立人。

3 譯註：刻在巨石和基岩上的盧恩銘文。盧恩文是已滅絕一種北歐日耳曼語族語言，這類石碑常在斯堪地那維亞半島看到，是維京時期的傳統，符文通常用來悼念逝者。

4 譯註：斯堪地那維亞半島特產的加味蒸餾酒，主原料為穀物和馬鈴薯，特殊香味來自葛縷子和蒔蘿。

III

On the Other Side of the Öresund

厄勒海峽的另一端

厄勒海峽（Öresund）的另一端

從丹麥到瑞典只需邁步一躍，尤其是如果你從哥本哈根躍向馬爾默，或從赫爾辛格躍向赫爾辛堡（Helsingborg），都一樣，一觸到瑞典土地，你就要填寫大量表格，你是誰、在哪出生、為什麼被生下來、究竟想在瑞典做什麼；也許問這麼多是，當局想確認你不是丹麥國王，無意前來征服瑞典這片平原，因為從前的丹麥國王經常這麼做。

因為從前從前，丹麥人統治厄勒海峽兩側，前面說過，他們對來往的商船收通行費；這就是為什麼海峽這一側和另一側的風景沒有明顯差別的原因。和緩宜人的平原，僅略微起伏，所以你

III —— On the Other Side of the Öresund
厄勒海峽的另一端

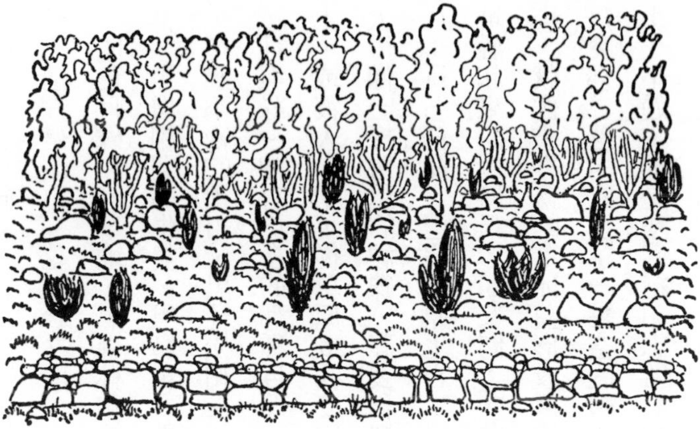

沒法說它平坦得像煎餅；原野上有花斑色的牛群，叢叢樹冠間露出高低參差的教堂塔樓，風車、白茅屋和農場星星點點的散布在各處，依偎著數百年古橡樹林；還有上帝大量的恩賜，假使牛乳腺豐滿、麥穗飽滿、牧草豐盈。忽然間，白茅屋消失，你看到塗紅漆的木屋，窗框和山形牆好看地漆上白漆；一棵白樺樹掠過眼前，總有愈來愈多的樺樹，總有更多的幽黑森林、銀樹皮的樺樹和漆紅漆的木屋；土聚積成土墩土丘，到處有花崗巨礫露出地表。那種花崗岩總是很多。我相信丹麥人從沒統治過這裡；如果有的話，這裡不會有如此大量的巨礫；丹麥沒有巨礫，在古代英雄古墳上的除外。那麼，這裡是瑞典，花崗岩之地。

暗色巨礫和綠草地，黑森林和銀樺樹、紅屋白框、黑白相間的牛隻、黑烏鴉、黑白交錯的喜鵲、迤邐不絕的銀川、黑杜松和白繡線菊；黑與白，紅與綠。總有更多的那種巨礫，星羅棋布在海上，或沒入林中，從草原或裸麥田拔地而起；巨大得像一棟房屋的漂礫，碎裂和被磨平的花崗岩片；巨石磊磊，但沒有原生岩；只有被輾壓、被堆疊起來的巨礫丘，朋友們，那全是冰磧（Moraine），就像書裡畫的；冰蓋形成這片土地；唯獨在丹麥那一邊，它留了一點空間給沖積層去大顯身手。不過，那是寒武紀和志留紀的事了；而這個呢，老兄，這個是最古老的岩石；白堊岩或沙

III —— On the Other Side of the Öresund
厄勒海峽的另一端

岩都還沒出現呢！你還記得在家鄉、在你童年常去的林子裡，你曾發現花崗岩漂礫？據說，那也是冰蓋帶到那裡的。那麼我們在這一片原生岩之中，應該覺得像回到家鄉一樣。

就我所知，瑞典的花崗岩巨礫，一方面在新石器時代用來搭建墓塚和墓碑，另一方面多少也用來銘刻盧恩文，最後則是用來築石牆和石籬圈圍農場及小原野。在林地中的這類原野，巨礫也許僅有一、兩顆，有杜松生長，和軟墊似的鞫草，或地衣，但總有一道石牆，好似（舊石器時代的）巨人把石頭搬來這裡堆砌而成；至於屋舍，倒不是用冷硬的石頭砌的，而是用溫馨的香木造的。

我永遠看不膩，你們這些紅漆白框的瑞典屋舍和農場，在廣袤遼闊的一整片瑞典土地上如此整齊畫一，同時又千變萬化、意趣橫生！森林裡最小的樵夫茅屋是用木板搭建的，也漆了紅漆白漆，跟占地寬廣的富裕大莊園沒有兩樣；不過就像世上沒有長相一模一樣的兩個人，我沿途瀏覽無數的瑞典農場，也沒看到有哪兩座是一樣的。每座農場不外乎由住屋、馬廄、牛棚、穀倉、秣倉、青貯窖、風乾棚、庫房、儲物棚和雞舍組成；但屋頂、山牆、門廊、窗臺的樣態各有千秋。

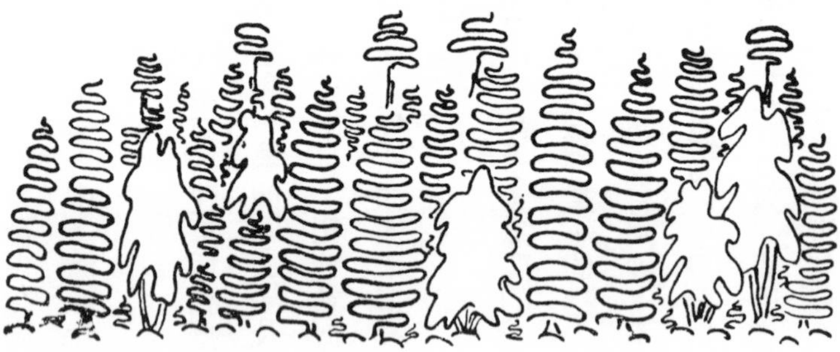

III —— On the Other Side of the Öresund
厄勒海峽的另一端

在這裡，靈感簡直取之不盡，窗戶要怎麼設計，在正面牆上如何排列或分布，或鑲什麼樣的框：要多寬或多高，方形、三角形、菱形或半圓形，成雙成對，還是三個一組。我可以一直畫這些農場屋舍畫個不完，但是缺少紅白綠的色澤，韻致就少了好幾分；況且，這些聚攏的、疊合的和擴增的屋舍，會減損畫面的縱深。所以，我要把你們，這些瑞典農場，留在你們自個兒的牧草地、花崗石牆、楊柳古樹之中，然後轉頭望向其他東西，譬如說，森林或湖泊；不過，我還想提一件事，這裡的農夫風乾飼草的方式，世上絕無僅有，他們把飼草捆成山羊背的形狀，放在用金屬絲網或木板條做的杆架上風乾；一束束的瑞典裸麥也是放在杆架上風乾的，很可能是木材過剩、水分也過多的緣故。

所以我將說出那最重要、最偉大的字眼：森林。據說瑞典土地有六成是森林，但我認為森林地應該更多；這些林地想必是在大自然終於悟透，如何在北國發展的最初五十年或一百年出現的；我跟你說，這裡的創意發想豐沛莫禦。倒不是這裡能長出什麼來，天曉得；不外乎雲杉和冷杉、松樹、樺樹和冬青，更別提杜松；始終都一樣，無窮無盡，但你不會厭倦。朋友們，你望不到那大量植被的

III —— On the Other Side of the Öresund

厄勒海峽的另一端

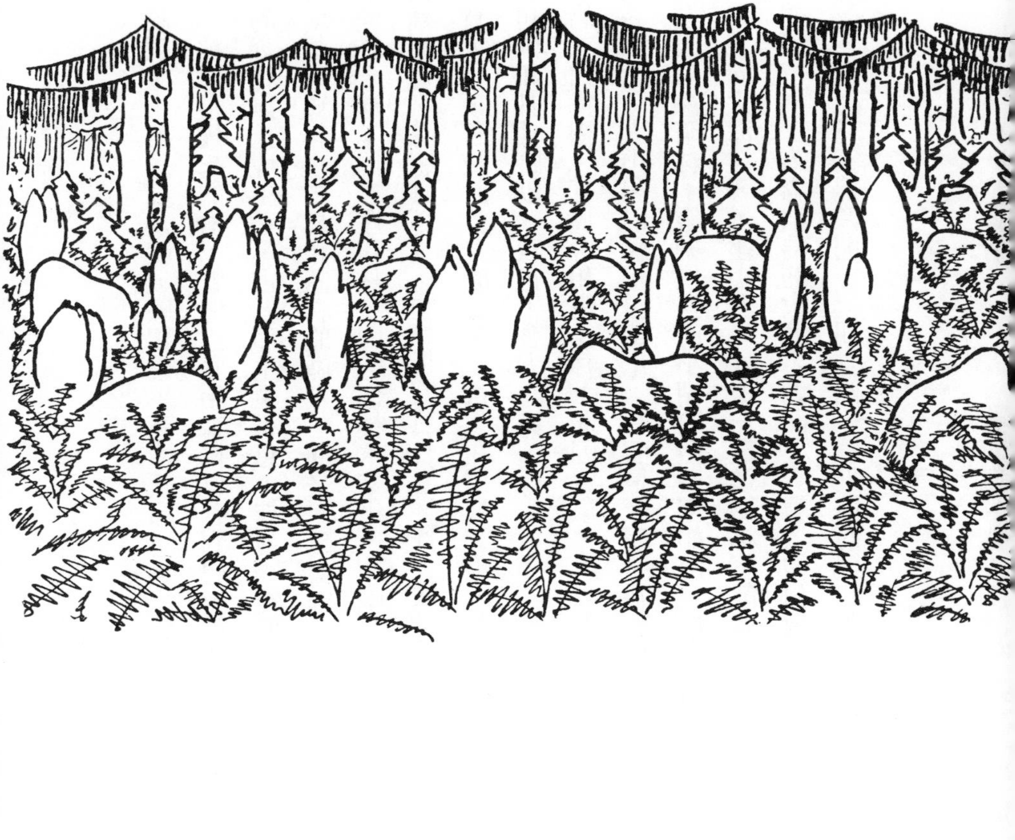

盡頭。苔蘚高至腳踝，山桑子高及膝，蕨類幾乎高達腰際；黑焰似的杜松，橙色的樺木林、枯木、被連根拔起的樹，就像在原始森林會看到的，粗壯的灌木披垂低懸；幽邃無垠的森林無止境生長，古老而生生不息，枝蔓順性擴展，密密匝匝渾然一體。沒有幼林、矮林、中林和老林的區別，而是不分樹齡，同在一起；樺木、松木和蕨類同在一起；同一座森林，同一個林木文化，一座北歐叢林，一座童話森林，有地精和巨人的森林，一座真正的日耳曼森林，而且是龐大的木工廠；麋鹿，鼻吻寬大，頂著枝狀分叉的茸角，依然在這裡奔跑，若說這裡有大野狼、血紅帽、獨角獸和其他野獸，我也不會太訝異。

曜黑的花崗岩、白樺樹、紅農舍和黑森林：北國意象，怎少得了靜謐湖泊。它不時在林間閃著晶光，大小和形廓千變萬化：時而是一汪黑淵嵌在泥煤裡，時而像一把長銀刃遁入幽深暗林；銀柳環抱的小湖映照碧空如洗，白黃相間的荷花點綴湖面；波光如練的大潭浮著幾座小島，好似一叢叢樹林悠哉徜徉水中；鋼灰冷湖，依著巨礫傍著密林；淼淼浩浩的大湖，湖面上一艘汽輪和幾艘帆船，犁出長長的銀色浪跡，一道道往天邊漾開——朋友們，這天地何等壯闊！接著這偌大

III —— On the Other Side of the Öresund

厄勒海峽的另一端

天地由兩側的參天大樹收攏，你頭頂上只剩一線天；接著又有湖川像一把微光閃閃的扁斧橫飛了出去，為天空、遠方、天光和耀眼光亮劈開了路；河流的銀色稜邊劃入森林，平坦如鏡的小荷花池閃閃生輝；紅色農舍倒映在靜謐水面，銀白樺木、深色赤楊和黑白相間的牛在苔蘚綠的湖泊岸邊——感謝老天爺，又看到了人啊牛啊和白嘴鴨棲居在平坦的密林邊緣和湖畔。

斯德哥爾摩和瑞典人

在斯德哥爾摩你會看到：城中央有一座橋；無疑只是一座小橋，比起世上著名的各色橋梁，但它有個特點，橋一側的水向外漫流，無非形成 *viken*、*fjärden* 和 *sundet*，無非 *sjön* 和 *holmen*，不外乎海灣、海港、海峽和島嶼，最後注入波羅的海；橋另一側的水同樣流布數萬英里，形成許多水道、水灣，峽灣和溪流，不外乎 *fjärden* 和 *sjön* 和 *viken* 和 *holmen*，這一整片被稱為梅拉倫湖（Mälaren）；因為斯德哥爾摩部分是由那些島構成，外國人來到這裡，始終無法確定自己是在本土大陸上，還是在島上，又或只是在海上或淡水湖中的一塊隆起的土地。至於在外海的那些島礁和小島，瑞典人管它們叫 *skären*。這些海島數目可觀，每個富有的瑞典人都買得起一座小島，以及私人汽艇，可以在自家的海邊游泳；那些汽艇的數目多如蒼蠅，不時喧鬧地噗噗駛向某一座種了三十棵松樹和蓋了一棟房屋的小岩島；只是苦了這裡的郵差，如果他必須每天往這些小島繞一趟的話。

斯德哥爾摩是個繁忙整潔的城市，顯然相當富裕；城裡有許許多多國王銅像、騎單車的人及長腿的俊男美女，幾乎比等身雕像更高䠷；這是個完美種族，但沒有種族理論可以說明。大多數人都是金髮的高個子，寬肩窄臀；

通常沉默寡言。這裡的車不鳴喇叭、司機不爆粗口；讓每個人管好自己，對別人呢，要以禮相待，不要惹是生非。接著，這裡有座皇家城堡，彷彿一只方形大紙鎮壓在海面上；貝爾曼（Carl Michael Bellman）[1]從前流連的酒窖，至今你依舊可以在那裡朵頤酣飲，紀念這位伊比鳩魯派的詩人；動物園島（Djurgården）也有一片橡樹古林，紀念同一位貝爾曼；在斯堪森民俗博物館（Skansen），瑞典全國各地的古農舍和風車被運送到館區內重建，還有身穿傳統服飾示範傳統手藝的老婦人、北極熊、海豹、麋鹿和馴鹿；北歐博物館（Nordiska Museet），則收藏大量的民俗風情畫和雕刻品——想必在北國的漫漫長夜裡，有人取出摺刀對著木頭又削又刻又刨，也許是製作紡車的踏板，而且鏤刻得跟蕾絲一樣精美。農舍牆上的中楣彩繪著各種人物，所以在北國夜裡，你也會遇見一長排人龍。人類天生多麼有創意！把一些事物畫出來、雕刻出來、錘打出來、繡出來和織出來，是多麼純真的愉悅！從斐濟群島一直到北極圈，確實都一樣：人不只是謀生求溫飽而已，還會以世界

1 譯註：貝爾曼，一七四〇－一七九五，瑞典詩人和歌者。

為形象造出美麗事物來自娛；只不過在今天，人們不雕刻飾物和人偶，而是修理摩托車，或從報紙吸收知識。你還想怎麼樣呢，這就叫進步啊。

接著，那裡有奧斯特伯格（Ragnar Östberg）[2]設計的磅礡大器的市政廳（Stadshus），是我見過規模最大的現代宮殿，裡面的廳堂莊嚴雄偉，也許更適合用來進行聖事禮拜，或召開世界議會（World Congress），甚或某種董事會；鮮豔的街道上，每一扇窗都裝上或橙或藍或紅的遮板；勞工住宅區的房屋以六角形方式毗連，這麼一來，每個人都不會一眼就看見隔壁人家窗內的動靜；樹林裡的別墅區，家家戶戶掛著令人愉快的小旗子，每座花園裡都有一幢小屋，給孩子們在自個兒的世界玩耍；每戶人家都有電話，為你報時、報天氣，在你預定的時間叫醒你，或在你進家門時播放電話留言；很多新橋，還有新路，對政治興趣缺缺，狗狗沒戴嘴套，女孩沒有塗脂抹粉，街上沒有警察，更衣室不上鎖，大門沒有門閂，街上的汽車和單車沒有人看守，一個沒有恆久恐懼與懷疑的世界；尤其最奇怪的是，沒有盡頭的北國白晝，和你無意就寢的明亮夜晚，你甚至分不清現在已經是今天還是昨天，人們是否已經開始忙活，或依舊在活動；天光甚至不會變暗，只轉為灰白、清透、變幻不定；它不會漆黑一片，而是沒有任何光源的一種古怪的慘淡光線，彷彿從牆面、路面和水面升起。

——接著只是人聲逐漸稀疏，而你一直坐著。

• • •

你一直坐著，因為瑞典人殷勤好客。你不能上床就寢，直到酒過三巡，女主人端上一杯茶。按在地習俗，坐在女主人右側的賓客，必須向主人舉杯敬酒，或說一些感謝致意的話，主人也同樣會盡量一一回敬每位賓客；當賓客用餐完畢，取下餐巾，他們會正步走向女主人致謝。據說這習俗是從饑荒的年代流傳至今，我不知道是哪個世紀；但肯定是很久很久以前，因為在今天，饑荒來臨時，人們不再款待朋友，他們賣掉家當。整體而言，瑞典人似乎很注重儀式；他們確實自尊心強，生性莊重自持。在當地的遊樂園，我看到哈瓦那來的古巴爵士樂團露天

2 譯註：奧斯特伯格，一八六六－一九四五，瑞典建築師，推動民族浪漫風格（national romantic style）建築，斯德哥爾摩市政廳為其代表作。

表演；斯德哥爾摩人嚴肅安靜地看著那克里奧（Creol）樂團耍寶，彷彿在週日聆聽神父布道。我個頭不算小；在那些人高馬大又沉默寡言的瑞典人中，自覺像迷失在森林裡的娃兒。又或露天餐館擠滿了人，他們不像歐洲人會為了入座爭吵，反而耐心排隊等候，直到某個可敬的要員領他們前往某個空桌。如果一切都像這樣，在這裡當國王應該不難；治理有教養的人民肯定不是最糟糕的差事。

天曉得，我不敢說自己對瑞典的風土民情有深入了解；但是當你是陌生人又到處晃盪，你會看到一些小事，譬如說一間小客棧或小路；客棧乾淨又舒適不是重點；這也不在話下；只是你進了客棧，點了兩克朗和數歐耳（öre）的早餐，來到用餐廳中央的大桌子旁挑選你想吃的東西；桌上有魚、沙拉、燒肉、乳酪、

麵包，還有火腿、龍蝦和蟹肉、鯡魚，以及奶油和鰻魚，你真不知從何著手；接著，他們為你端來一盤溫熱的東西，當你吃光，他們又送上滿滿的一盤，看見你喜歡吃而非常高興；當你心想這下子可要把他們吃垮了，他們取來訪客留言本，請你寫下感言紀念。如果你吃撐喝足，惡魔還能做什麼怪；但這無關乎吃食，而是關乎某個無價的東西：尊重和信任登門造訪的人，不管這人多麼陌生。

或者在路上：他們闢了很多路，所以你經常行駛在田間小路上；你會碰上為了讓路給你的貨車開到了田溝裡；你會看到有車遠遠的就開始倒退讓你通行；而且那位駕駛不會出言不遜，反而會輕觸一下帽沿向你致意。每個握方向盤的人，都會跟交會而過的另一個握方向盤的人打招呼，也跟每個騎單車的人和行人打招呼，也對在路上揚起沙塵的馬車伕打招呼。這些都是瑣碎的小事，我知道；但是這位漫遊者會沿路採一朵小花、撿一些小東西留作紀念。也許小事不能小覷，如果這位異地的漫遊者在這裡比在世上任何地方，更感覺到自己像個人，而且是有教養的人。

斯德哥爾摩周圍

斯德哥爾摩周圍，主要是海，還有梅拉倫湖，以及其他形形色色的湖，和島礁；只是乍看之下，你分不清哪個是哪個；不外乎小島、山嘴和水灣，還有鄰近的林地和森林。梅拉倫湖當然是最龐大的一個，就我窮目所及，它往四面八方延展，無所不在；無論你從哪個方向出了斯德哥爾摩，都會看到湖灣，他們會告訴你那是梅拉倫湖的一部分。如果我是瑞典人，我也會把波羅的海、哈丹格峽灣（Hardangerfjord）、須德海（Zuiderzee）、

III —— On the Other Side of the Öresund
厄勒海峽的另一端

英倫海峽、大西洋及其所有支流、日內瓦湖、麥哲倫海峽、紅海、墨西哥灣、爪哇海和其他水域，看作是梅拉倫湖的延伸；多麼奇妙的大湖。你也會看到它有多漂亮，我在紙上畫下了各種樣態的湖岸和湖中小島，連同相襯的植被，像是雲杉和松樹、楊柳、赤楊、橡樹、莎草和蘆葦、荷花和巨礫。

有些地方，恰好沒有梅拉倫湖水，則有各式古堡，譬如斯庫克洛斯特城堡（Skokloster）；這棟宏偉的私人宅第連著古老公園，堡內有許多收藏，所以對外開放參觀；不過反過來說，在古堡正前方，往外推大約十碼距離的草坪上，圍著鐵絲網籬，以維護地主的專屬空間，地主是布拉赫（Brahe）家族後代，有個告示寫著：私人土地。再往下走，當然就是梅拉倫湖。又或有一座卓寧霍姆宮（Drottningholm），外觀和凡爾賽宮有幾分相似，只是規模小一些；那裡的庭園有幾座噴池，還有一些雕像出自亞德里安．德弗里斯（Adrian de Vries）[3]作坊，大家都知道，那些雕像以前曾佇立在我國，在華倫斯坦宮內（Wallenstein Palace）；但你也很清楚，三百年前瑞典人從我國劫走這些雕像，後來丹麥人又從瑞典人手中搶走它們，但一段時間之後，他們不得不物歸原主；這就叫歷史。接著這裡還有一座洛可可風格的劇院，是精力充沛的古斯塔夫三世國王（King Gustav III）建造的，他不僅登台表演，也撰寫劇本和設計戲服；但大家都知道，很少有人會感激我們藝術家和作家，結果古斯塔夫國王在一場舞會中遇刺身亡。在那劇院裡，至今一直保存著當年的裝飾和設備；尤其是湖浪依舊沖刷灘岸，即便在今天，浪潮滌盪的聵耳轟鳴，甚而不亞於最現代的劇院裝置。至今那裡仍保有演員更衣室、衣櫃、配件和原始戲服，聞起來有股塵埃味、脂粉味和霉味，就像休假日的劇院；奇妙的是它保存得真好。觀眾席有個王座，還有一排排座椅，每一排都有標示註明入座者的身分，外交官、侍女、管家、官員、隨扈等等；當時人們依舊有階級尊卑之分，不像現代有左翼右翼之別。庭園裡有綿羊在吃草，城堡前方當然是梅拉倫湖。或者有個地方叫做錫格蒂納（Sigtuna），那裡有四座教堂遺址、一所平民高等學校，以及梅拉倫湖；從前那裡是王都所在，有很多皇室宮殿。

烏普薩拉（Uppsala）：這裡沒有梅拉倫湖，但有一座附有精緻橡木大廳的古堡，

3 譯註：亞德里安・德弗里斯，一五四五／四六－一六二六，出生於丹麥，揚名中歐的雕塑家。

以及烏普薩拉大主教的大教堂，林奈（Linnaeus）[4]和史威登堡（Svedenborg）[5]長眠於此，納坦・瑟德布盧姆（Nathan Söderblom）[6]曾在那裡布道（如今他被草皮覆蓋著，但我依舊可以看到他於斯洛伐克坐在長滿百里香的邊坡，宣告有朝一日人們會覺醒，世上只有一個教會、一個神和一種和平）。這裡還有一所知名大學，學生分屬十三個「兄弟會」（nations）——其實是瑞典各區的同鄉會，但我希望他們就像深明大義的兄弟會，肩挑化解衝突、宿仇和生死戰的重責大任。然後這裡還有一座大學圖書館，擁有世上最罕見的藏書之一，中世紀烏爾菲拉聖經（Wulfila Bible），銀色聖經抄本（Codex Argenteus）[7]，全是用銀粉在紫色羊皮紙上寫成的，而且點綴著小巧的彩繪拱廊柱。這本聖經在哈布斯堡王朝魯道夫（Rudolph）年代，曾經在我們的

布拉格城堡區（Hradčany），可是瑞典人把它當珍貴的戰利品帶走了。真要命，不過我們在這裡會逐漸感到自在；這裡的展示櫃裡有巴納爾元帥（Johan Baner）、托爾斯滕森伯爵元帥（Lennart Torstensson）、騎兵元帥巴本海姆（Gottfried Heinrich Pappenheim）、統帥華倫斯坦（Albrecht von Wallenstein）、古斯塔夫二世（Gustavus Adolphus）、安哈爾特的克里斯蒂安（Christian of Anhalt）、威瑪公爵伯恩哈德（Bernhard of Weimar）的手稿——我跟你說，全都是三十年戰爭[8]時期的同胞；如此傑出的故人，如此受愛戴的敵人；畢竟，你在海外遇到他們會滿開心的。

在更遠處有烏普薩拉古城（Gamla Uppsala）；異教徒時期那裡是瑞典國王的居所，但如今那裡只剩一間舊世界的餐館，你可以用牛角杯喝蜂蜜酒，這款酒的瑞

---

4 譯註：林奈，一七〇七—一七七八，瑞典植物學家、動物學家，被稱為現代分類學之父。

5 譯註：史威登堡，一六八八—一七七二，瑞典科學家、神學家、神祕主義者。

6 譯註：納坦．瑟德布盧姆，一八六六—一九三一，瑞典牧師，烏普薩拉大主教，一九三〇年因倡導世界基督教會間的團結而獲得諾貝爾和平獎。

7 譯註：六世紀時期以東日耳曼語系哥德文寫成的抄本。

8 譯註：一六一八—一六四八，歐洲宗教改革時代，新教徒和天主教徒之間的戰爭。

典語就叫做*mjod*；每個牛角杯上都有銀色字樣標示它的主人——我用的牛角寫著威爾斯親王，還有其他皇家人物；也許這就是蜂蜜酒會大量灌進你腦袋的原因。飯店前方佇立著三座「皇陵」；自六世紀以來的皇家墓塚，有四層樓高；遊客不免俗地都會登上那些小山去看看，隨後又敗興下山來，因為山頂上什麼也沒有；那幾百年的歲月已經被移往斯德哥爾摩博物館。

現在來到了烏普蘭（Uppland），在烏普薩拉附近；林奈曾在這鄉間野外蒐集本土花卉加以分類；一片迷人的平原，放眼望去盡是牧場、盡是圍著木籬笆的草地、盡是捆成羊背形狀風乾的乾草。在那星布著乾草的平疇上，到處可見花崗岩島兀然凸起，花崗岩板和巨礫、長滿古樹的黑色花崗岩小丘，以及紅色農場；這裡的每座農場都搭建在岩盤上，像一座堡寨，也許這樣就不會占用到任一吋地表

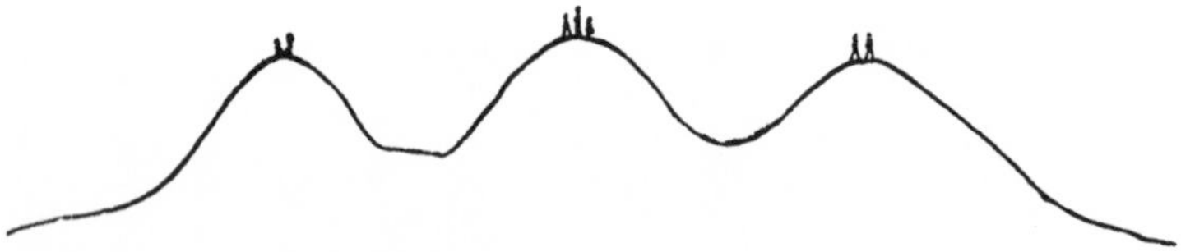

土壤。向晚時分，這些農場像燃起赤焰似的，彷彿一根根紅辣椒莢從苔綠草原和果樹叢裡冒出來；這裡、那裡，散布廣遠，每個都是一座人類小島，在浩瀚時空裡閃耀紅光；我跟你說，這世界真美麗。

還有一些花崗石丘好似被施了魔法；所以石丘上沒有紅屋閃爍，但矗立著鬼魅似的風車；或長出一叢叢杜松，地精模樣相當嚇人；或豎著盧恩石碑，紀念一千年前的某位哈拉德國王（Harald）或西格德（Sigurd）。恬淡的土地，這瑞典；只是有些地方魅影幢幢。

•
•
•

III —— On the Other Side of the Öresund
厄勒海峽的另一端

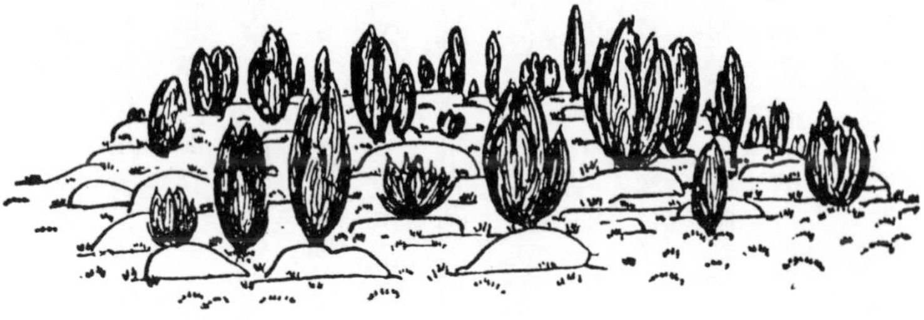

你穿越瑞典，掠過原野和森林；你不時會看到路邊擺著一張粗製的桌子。做什麼用呢？從那些偏遠地方來的農人，會把攪乳器和他牛隻產的乳汁擺在桌上；從城裡來的人會為他帶麵粉或釘子來，他會抽空來這裡帶走那些東西。又或看到森林裡有個信箱掛在一根桿子或一棵樺樹上。住得偏僻的人會來這裡收走郵差投遞的信。喔，不，瑞典沒有魅影幢幢；這裡也許有幽靈和地精，或那一類的鬼怪，但我會說，那裡的人彼此信任。

途中

從斯德哥爾摩到奧斯陸的途中多半是湖泊，光從拉克索（Laxå）開始數，就有托芬特湖（Tofften）和特斯達湖（Testen），然後是遼闊平坦的維納恩湖（Vänern），接著是維爾默恩湖（Värmeln）（這裡已經是韋姆蘭省〔Värmland〕，戈斯泰・貝林〔Gösta Berling〕[9]的土地），以及格拉斯佛丹湖（Glafsfjorden）、奈梭肯斯瓊湖（Nysorkensjön）和比紹恩湖（Bysjön）。說也奇怪：像維納恩湖這樣的湖，也就是浩渺大湖，基本上並不浪漫，我會說它簡直很現代；肯定是規模量體太大的緣故。浪漫的湖是小的，愈小愈古樸、愈清寂、愈空靈，或者我會這麼形容。掌管維納恩湖的水精靈當然是總理，或國務次卿等級；塵事如麻呀，那維納恩湖。但也有一泓泓靜水，像倒映碧空

9 譯註：戈斯泰・貝林，瑞典作家拉格洛夫的著作《戈斯泰貝林的故事》的主人翁。

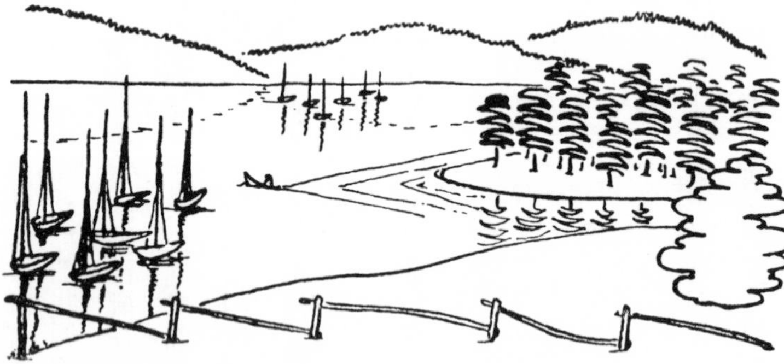

III —— On the Other Side of the Öresund
厄勒海峽的另一端

的一面面明鏡，還有密林中深不見底的小潭，和狹長的河湖，沒錯，還有河流，瑞典字是*älver*，緩緩切入幽邃林間，帶有一種天長地久的感覺，慵慵懶懶運送被伐採的樹幹；而樹林只能看著河面上的木材緩緩地、不停地、無可抵抗地漂走。

接下來，越過河流和水渠之後，就是挪威；以及山崗和岩石；還有無角的挪威牛。我看過毛茸茸的蘇格蘭牛、英國湖區身軀壯碩的紫牛、西班牙黑公牛、阿爾卑斯山紅白相間的小牛、白色的馬劄兒牛、有豆狀黑斑點的菲仕蘭牛；但是沒有角的牛，我還是頭一回在斯科特魯德（Skotterud）一帶看到。這種牛體型小、棕皮膚，骨瘦如柴；沒有長角，牠們看起來難以自保、楚楚可憐，又簡直窘迫難堪，牠們的眸子比我看過的其他那些聖牛都溫柔。

這裡已經是挪威：這裡的樹林和邊境另一側的沒有兩

樣，只是隨這裡的勁風吹拂狂肆搖曳，地上看不到苔蘚，反而遍布著蒼白的地衣；湖泊也跟另一側的無異，只是多了幾分淒厲，從山巖粗削出來的；山也跟邊境另一側的一樣，只是更峭危峻險；相似的河谷，但是更深邃；同樣是樺樹，但更蓬亂矮壯；同樣是花崗岩，但更粗獷。噯，是的，群山；千巖萬壑猶如展開一幅山水畫軸。

和邊境另一側同樣是木屋，但比較粗劣；屋牆木板並非豎直而是打橫，灰灰褐褐的像岩石；房屋不僅只是蓋在地面，而且用石塊或小木樁墊高，以免從底下受潮；屋頂鋪的不是磚瓦、木瓦或茅草，而是——究竟是什麼呢？草皮，還是泥煤？到現在我還是不清楚，但是它敷著厚厚一層苔蘚和青草，還有柳蘭，不但如此，甚至真的長出冷杉，還有樺木；這裡的樹林也生長在人類的屋頂上。

小圓丘底下到處竄出青草和燈心草；地上不是岩石就是泥煤，他們到處挖泥煤，堆成小堆晾乾；人們拿所有東西來謀生，但花崗岩除外。那無角牛蹚過濕地，一頭健壯的棗色馬有黑鬃毛、黑馬尾和黑鼻子，低著頭吃韌草；你看不到半個人影——奇怪的土地；你會說，一片綠色沙漠。這時火車向下滑入寬闊河谷；而那座湖泊，那座有木材浮在河面近乎動也不動的靜謐大湖，就是格羅門河（Glommen）。

順著格羅門河而下，越過一片鄉間牧場，還有在教堂尖塔下的人們，掠過蒼翠斜坡和河谷，行經紅色小鎮，直到看見銀光在山巔之間耀動：奧斯陸峽灣（Oslofjord）。

Glommen

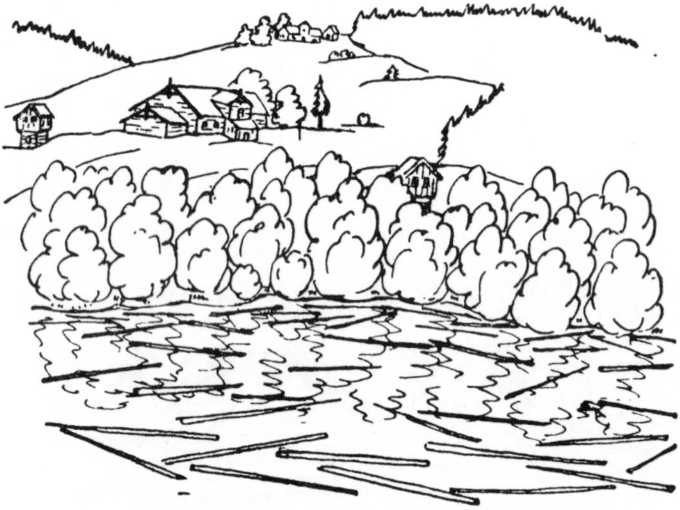

IV

Norway

挪威

奧斯陸

從今日的世局來說，旅人應該事先打聽一下，他要前去的城市是否偏巧爆發內戰、革命或舉辦大型會議。我們一抵達斯德哥爾摩，救世軍國際大會（International Congress of the Salvation Army）旋即盛大召開；一群群頗為拘謹但看來勇健的紳士，和上了年紀、頭頂著雞窩草的女士在街上到處轉，想辦法要拯救你。後來我們前往挪威求個清淨；怎料一進入奧斯陸，又遇上主日，這也就罷了，誰知主日學教師世界大會也熱鬧登場；真不曉得他們在全世界有多少人。整個奧斯陸被某種嘁嘁喳喳、蜂擁流動的善意淹沒；每一分鐘都有人帶著基督徒的耐性對我微笑，用英文問我是不是也要參加聖事禮儀。在卡爾約翰斯大道上，把人心攪得澎湃激昂的，不是易卜生或比昂松的精神，而是盎格魯撒克遜教會的熱情；我擔心在劇院前的臺座上，一臉慍怒的易卜生會抬起頭開始宣揚愛鄰如己，或這一類的道理；但易卜生沒有抬起頭，他整個人好似被什麼惹惱；比昂松顯然修養比較好。在奧斯陸，我試著解開一個疑問：這麼一個小國，據我判斷又是個窮國家，而且就我所見，像奧斯陸這麼小又很普通的城市，怎麼會誕生這麼偉大驚人的文學。我當時沒找到答案；現在又更驚奇了。

還有另一個問題令我不解；它也和文學有關，但主要是涉及語言。話說挪威人口連三百萬都不到，可是他們的書面語言竟有兩或三種，每一種都稱不上普及。國家挪威語（Riksmål）[1]是城市地區的用語，屬古老丹麥語，一種歷史久遠、官方的文言文；本土挪威語（Landsmål）[2]屬古老挪威方言，鄉下地區的用語，僅通行於南部地區，此外它也被人為地細分；事實上，這類方言有半打之多，住在不同山谷裡的人說不一樣的方言；有個名為「言文一致」（bymål）的運動，企圖把國語和方言統合起來；它發起拼寫方式的改革，以方言的書寫系統來表達國語；學校要採用國語還是和方言，則由社區的民意決定；作家譬如漢森和溫塞特使用國語來寫作，杜恩則用方言，其他作家也各不相同。你不得不承認，就人口三百萬的一個國家來說，這情況很複雜。我覺得，儘管挪威人表現出包容的美好情操，

1　譯註：以下簡稱國語。
2　譯註：以下簡稱方言。

這個勇敢堅強的小國家在語言方面仍無法處之泰然。確實，我們國內也有類似的苦惱，但是我們的語言問題，或者說方言問題，大抵是民族和政治的基本差異使然。不過關於文學，我想我們可以從挪威的語言情境學到一課；它應該用現存民族的母語書寫，記載那民族當時的所思所言，和整個國家的語言、菁英的語言、庶民的語言、城市的語言及鄉村的語言。我知道這並不容易，不過這不正是文學被稱為藝術的原因，文學應該施展魔法顯奇蹟，在沙漠裡分餅分魚，增進經驗、語彙和感情；如果它要向眾人訴說，就要用眾人的語彙和方言來說。所有的本土挪威語、古碑文，以及從前為了這些人而書寫和述說的熾盛語風，會降臨在文學裡；文學就是為了這個緣故被創造出來，透過文字把這世界的寶藏發揚光大，阿門。而布道說教，是主日學老師的職責；我這輩子從沒看過這麼多口若懸河、好為人師的人，在許多古墓裡張口結舌。這些古墓神奇地被保存下來，形體優美，挪威人前來瞻仰憑弔。我稱不上航海家，就連橫越英吉利海峽都看成是難忘的冒險；可是當我凝視那漆黑威猛、壯麗昂揚、沒用一根鉚釘的維京船，我這個生活在陸地的人打從靈魂深處感覺到，航海畢竟是男子漢的事業，甚至比從政或改造世界更有男子氣概。坐進那烏沉沉、不可一世的奧塞貝格號（*Oseberg*）船身，航向霧茫茫的闃黑大海：妳看到沒，我的女孩，我們可是一幫好漢，我們男人！——噯，沒錯，我參觀了奧塞貝格號並致上敬意：「前進號」怎比得上它！

你甚至不會對她有什麼期待；如此平凡無奇的一艘小船，木材堅實沒錯，橫梁由支柱和縱梁稍微加固，讓她能夠耐受海上活動；廚房小得像掌心，機房令你發笑，你的頭不時會撞到階梯和門；小艙室彷彿是為兒童設計的，門牌寫著斯維德魯普（Sverdrup）[3]；另一間擺著一張擱板床，就連我們的斯拉梅克（Fráňa Šrámek）[4]躺上去也無法把腿伸直，門牌上寫的是南森（Nansen）[5]；接著是第三間艙室，還是有點小，門牌寫著阿蒙森（Amundsen）[6]。在這每一間木板房內，一根長釘上掛著毛皮帽，以及海豹皮製成的鞋；這裡飄散著臭樟腦味和幾許悲戚。接

3 譯註：斯維德魯普，挪威海洋學家和氣象學家，一九一八年至一九二五年參加阿蒙森率領的北極探險隊。
4 譯註：斯拉梅克，一八七七－一九五二，捷克小說家、劇作家。
5 譯註：南森，挪威探險家、科學家、人道主義者和外交家。一九二二年擔任國際聯盟專員，以人道救援事蹟獲得諾貝爾和平獎。
6 譯註：阿蒙森，挪威極地探險家，一九一一年至一九一二年領導第一支到達南極的探險隊。

著是南森、斯維德魯普、阿蒙森使用的六分儀和望遠鏡，以及其他的導航工具；還有拔牙鉗、手術剪、柳葉刀、繃帶、一小件連身衣——此外別無其他。那麼，讚美上帝，祈神降福：在這裡我們又回到了家，回到我們少年時代的家。你可記得南森和斯維德魯普？可記得你如何在「前進號」過冬？那是在爹地的花園，紫丁香和玫瑰盛開；我們對一頭北極熊開槍，然後乘著狗拉的雪橇越過雪地朝北方前進；但是天候惡劣，冰層的狀況迫使我們不得不回頭。回程令人生厭，可是你牢記在心；那只會白費力氣，我們必須在永夜降臨前返回。最後我們的「前進號」出現在地平線上，我們對她歡呼。——沒錯，我們的「前進號」；她屬於我們大家，世上每個會讀書的男孩；順其自然吧，這是我們的船，我們有權利懷著崇敬，以及一種私密，去摸摸六分儀、繩索或拔牙鉗。唯獨這裡的這間小艙室門牌寫著阿蒙森；不過那已經是故事的另一章，我們改天再讀，用不同的方式讀；在這裡，我們沒用孩子氣的手指觸摸物品，反倒脫下大人的帽子（因為這裡很狹小，或者是臭樟腦讓我們脫帽掩鼻）。那麼，曾經睡在這裡的人名叫阿蒙森；倘若如此，他睡在這裡時雙腿得要縮起來。見識過北極和南極的人。在飛往冰天荒地去營救某個招搖又無謂地干擾他的北極之人時，失蹤遇難。當然，這是另一段歷險，比童書裡對他的緬懷更深深銘刻在世人心中。

• • •

到了晚上，深夜時分，大批的主日學老師消失蹤影，留下明亮的北方夜晚；在卡爾約翰斯大道上，易卜生顯得意興闌珊；回到家的人們享受著夏季主日；這裡的人群多少比另一邊的瑞典人更虎背熊腰、更粗獷，沒那麼斯文，整體來說更有人味；他們看起來興高采烈，就像愛喝酒也愛談政治的民族那樣；從他們的長相來看，你無須懼怕他們。

卑爾根線

卑爾根高山鐵路堪稱所謂的工程奇觀。工程奇觀，一般來說指的是隧道和高架橋；但是卑爾根鐵路的特點，我會說，在於隧道是人造的，是在平地上用樁柱和木板搭起來的。這些隧道純粹是為了遮擋雪崩和雪堆，連綿百里，多半蓋在風光最迷人的地方；沒有隧道的地方，也高築木籬；不過有耐心的遊客要進入下一段木隧道時，隨處可找到木匠留下的間隙，在那一時片刻讚嘆這世界的美麗與宏偉。不過，事情總有先後，這項工程奇觀要到烏斯塔達爾（Ustedal）及厄斯塔克維亞（Ustakveikja）沿途才看得到；起初火車一路奔馳，時而通過平常的地面隧道，時而通過翠綠的挪威、穿越森林和草地、傍著河川湖泊；始終有景物可看，木造農舍、無角牛、丘陵與河谷，直到赫納福斯（Höne-foss）映入眼簾，那裡的瀑布是出了名的，

IV —— Norway
挪威

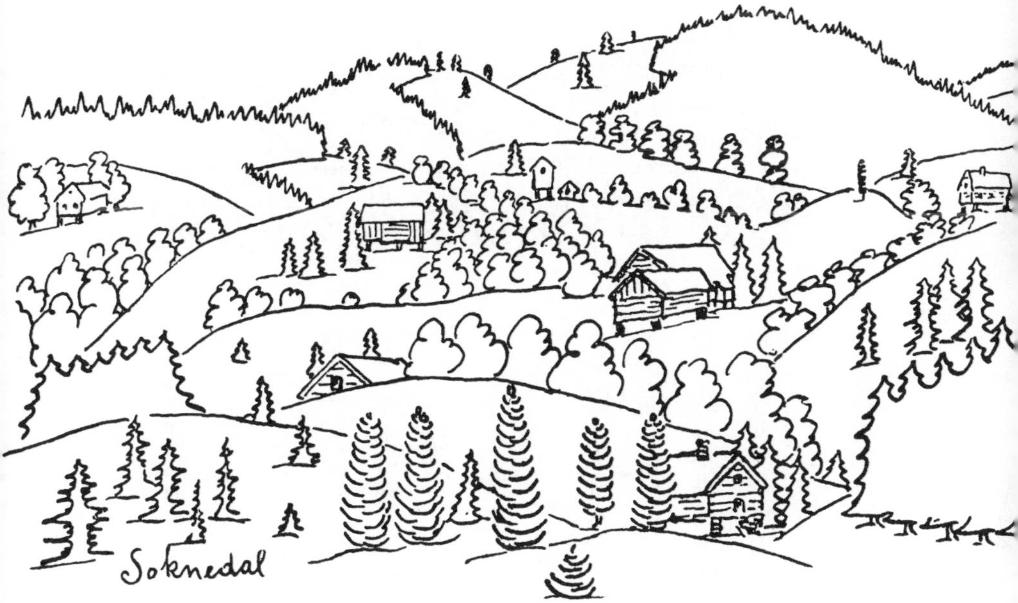

也因為托洛斯基（Trotsky）[7]曾經流亡到這裡而聲名大噪。接著是迷人的山谷索克納（Sokna），黑森林環抱的清新秀麗草原，翠綠斜坡上錯落著褐色小木屋，底部用木樁墊高，很像雅加婆婆（Baba Yaga）[8]的城堡——

——接著克勒德倫（Krøderen）突然出現，克勒德倫湖中有幾座花崗巖圓丘，圓丘上林木密生、枝葉繁茂，像戴了捲曲假髮似的；如此魁偉圓潤的山丘，彷彿精湛的車床工藝。在這裡你能做的就是，以鑑賞地質的眼光來觀看；譬如說，從諾勒峰（Norefjell）底下的這些花崗巖圓丘來看，這片天地生成之初，可不是某種熱漿似的東西澆灌出來的，而是被精心雕塑，被仔細琢磨、蝕刻和拋光，最後有一條冰河以其多情又嫻熟的手指，推揉克勒德倫湖上方的山脈，而且很滿意它的形廓；確實，很美；誰能指給我看還有哪條冰河有同等高超的手法！

可其他山脈沒有被車床加工，反而被冰楔或縱或橫地鑿出一道道口子，很

7 譯註：托洛斯基，一八七九－一九四〇，蘇聯布爾什維克黨領導人、十月革命指揮者，創立蘇聯紅軍，列寧死後流亡海外，一九四〇年被史達林派人刺殺於墨西哥城。

8 譯註：俄羅斯等斯拉夫民族童話中的女巫，住在森林中一間長有雞腳的小屋裡，專吃小孩。

Hallingdal

像層層疊起的石板，或像木瓦的鳩尾接榫，或起皺、彎折、斷裂、削切；花崗岩的形成令人驚心動魄；人們說地質年代，但那些年代的地質變動可是煞費工夫！這也就罷了，在冰河期，那才是鬼斧神工；光從那當時留下的匠藝和技術奇觀，就能一窺堂奧！對於石頭沒有認識的人，很難領略天地大化的恢弘壯美。

接著來到了哈靈達爾（Hallingdal），一個古老農耕河谷，以農村藝術聞名；人們一度拿名聞遐邇的哈靈達爾玫瑰入畫，即便在今天，你依舊可以看到當地人用梁木，把農場圍柵搭建得氣勢如雷的迷人技術，他們的秣草棚四平八穩地架在窄底的木臺座上；他們的古老教堂像塔臺，類似木造寶塔，他們的雕花窗櫺、山牆和柱子——全是十足古色古香的木作，用的是堅實的梁木和板材；不懂鑑賞木工的人，會錯過世上這份簡練溫潤的農樸之美。

沒錯，木與石，這就是哈靈達爾。還有森林，清一色是塔樹的森林：高聳入天。還有晾在長架上的秣草、成群的褐色小牛、體格粗壯的黑鬃矮馬，放眼盡是草地，盡是纖纖細草、黃甘菊和白繡線菊，風鈴草的那種藍別處找不到，木窗上朱紅的天竺葵，這就是哈靈達爾。

說也奇怪，世界各地的農民多半有雕刻、彩繪和刺繡的嗜好，特別是山區農民。我知道，這多少是因為在遺世獨立的山谷裡，大部分的事物都是從曾祖父、曾祖母流傳下來的；然而被保存下來的東西，也有最初的源頭。我認為是木頭造就這一切；一截木頭落到小男生手裡，他會開始（因為他口袋裡肯定有一把摺刀）又削又刻，直到劍柄、雕像或桿子成形。木頭可以被削鑿、彩繪，石頭只適合用來修築防禦工事，或古墓。農家藝術，從建築乃至於牧羊笛和風笛，都是木作；所以它離不開山林；於是在哈靈達爾，會令人歡心的事情，跟在庇里牛斯山、阿爾卑斯山或在我國山區，並無二致。石頭是大自然的傑作，木作屬於人的施為；至少從前在自然法則盛行於這世上時是如此。

那麼，這是哈靈達爾；但現在來到烏斯塔達爾，恍若另一個世界；目前這裡除了火車站長和山區旅社員工之外，杳無人煙；其餘只有山岩、冷湖，和噴發氣體的沼澤地；憔悴的松樹依舊苦撐著，還有彎駝的矮樺樹或蜷縮的赤楊；不過，到處可見山牆上掛著馴鹿角的尖梆小屋；然後就只有石頭、匍匐的樺樹、燈心草和羊鬍子草；接下來連岩石、湖泊或植被也沒了，只剩木隧道，和鄰靠著雪堆的

Hallingdal

Ustadal

廊道和路障；多麼奇特的鄉間。

　這時我們已經來到高處，到了芬瑟（Finse）；不過海拔四千呎，但就北方當地來說，如同來到海拔一萬呎。生命的盡頭。湖泊在夏季也不會解凍；也許不必白費力氣。冰河像舌頭伸進了鐵道亙古不化，還有純白的雪原、哈丹格冰川（Hardangerjøkulen）、鐵道沿途的雪堆；時序是他們所謂的七月。當火車通過，處處有人等在鐵道旁，對著有生命的物體打招呼。雪原、鋼灰色的湖和礫石廢墟；稀稀疏疏黃褐的草，這就是一切；它會如此廣大，也許是因為這裡沒有生命。

　這裡沒有生命，但依舊有人繼續在這

裡活下去；人和匍匐的北極柳一樣強韌，除了銀毯似的北極柳，寸草不生。樺木、柳、地衣和人，世上找不到韌性更強的東西了。別管我，我在這裡有事要做；我必須向生活在這裡的人揮舞雙手。也要對生活在其他國家的其他人揮手；世上各地的人都活得很辛苦，但在這裡與人作對的都是永恆元素。願上帝降福於你，厄斯塔克維亞居民，再會了，摩羅達爾（Moldådal）居民；你住在這裡挺好的，在這裡你安逸地過著苦日子，別的地方正在創造歷史，又與你何干呢？

那麼勿忘我，就此告別，我得加快腳步，因為我們要往下坡去了，下到岩地裡，從上方的弗洛姆斯達爾（Flåmsdal）和那裡的瀑布，

IV —— Norway
挪威

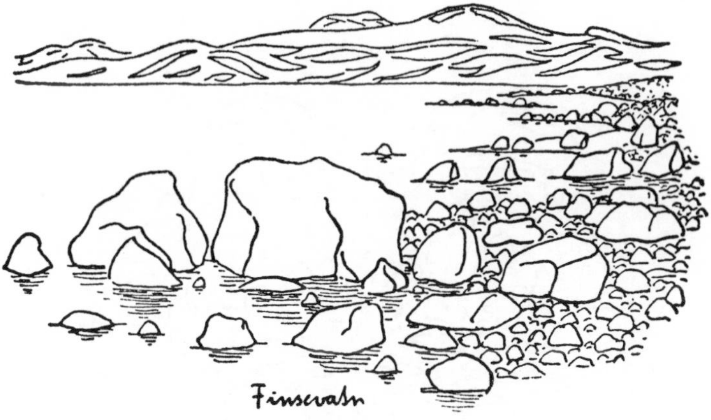

Finsevatn

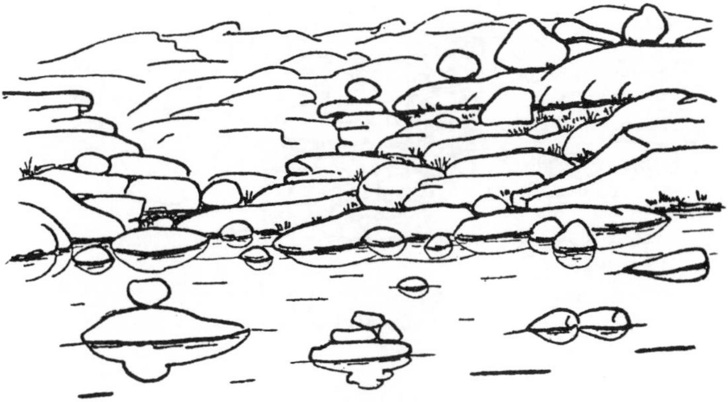

Tangevatn

Raundal

下到樹林和松林之間，下到拉溫達爾（Raundal），在這裡你又看到農夫手持古怪的短鐮刀，於花崗岩巨礫間收割抹草；往下到人類及偏僻屋舍之間——當你往下坡走，時間過得很快！在這裡又看見北歐的蓊鬱林木：松樹如高塔參天，或黑莓木高及膝、蕨類高至腰間；有一、兩座瀑布；繼續下行，又看見雲杉和狀如教堂的冷杉；更往下還有幾座小瀑布，此時我們已經身處花楸樹、赤楊、楊柳和山楊如波瀾起伏的一片樹海中；植被的前沿如此靠近一致、如此清晰明確，你不得不讚嘆，挪威的大自然嚴守植物界

的生態法則和生物法則；那肯定是出於共識。

眼下我們到了低處，只有海拔二十或三十呎；在低處，在美麗湖畔茂林掩映的清新草原和紅色農場之間；在稍微高一點的地方，盡是花崗巖圓丘繫著千年雪的純白腰帶——嗯，景色很美；只是你很想知道，在山的另一頭是什麼模樣。在這裡，那細長的碧湖，已經是大海的峽灣：險陡山巖夾岸深不見底的靜水；淒美得令人銷魂，又極其私密；只是它起初顯得極不真實。需要一點時間去習慣這些峽灣，然後你會慢慢接受它們赤裸裸的、甚至冷酷的真實面。在那

IV —— Norway

挪威

邊稍高的地方，我是指松恩峽灣（Sognefjord），人們得要一整天拴住孩子，以免孩子從陡峭的崖壁失足跌入海裡。各地不同的風土民情，有時真叫你難以置信。

感謝老天爺，卑爾根（Bergen）終於出現；說也奇怪，不停地看風景還挺累的。你大可閉上眼睛，什麼都不看；反正那裡只有岩石和漁屋，其他什麼也沒有；晚安，我一點也不在乎。只不過，是的，那一、兩座陡峭的山崗還在；還有鐵道月臺上的那些女孩，趁著黃昏在那裡散步，彷彿那裡是全國唯一的一塊平地——想必在這裡，女孩們不需要被拴住；我不想再多看什麼了。只不過，沒錯，這裡有一小段峽灣，還有奇險的山岩，好了，到此為止。可是還有那翠綠山谷，那裡的人，那湖光山色，那晴空。這一趟旅途是不是不會結束，風景是不是看也看不完？

沒錯，旅程會有終點；但北歐的白晝沒有止盡。

卑爾根

當你發現書本沒有騙人，你會很開心。書上寫說卑爾根經常下雨；那裡確實一直下雨，而且非下到滂沱大雨不罷休。根據記載，它的周邊有七座山峰巍然聳立；我只數到三，其餘的隱身在雲霧中，但我相信有七座無誤；挪威人是老實人，他們不會要你相信不屬實的事。

於是我確證了卑爾根是個古老而輝煌的漢薩同盟（Hansa）[9]城鎮；漢薩風格的那種德國碼頭，或稱布呂根區（Tyskebrygge），依舊保有古老的小木屋；而在漢薩博物館，你會發現館內保存了許多古箱櫃，從前漢薩商人在入夜後會把學徒和職員鎖在長櫃裡，免得他們在外面晃蕩，也避免他們著涼；還有古老的商人住屋，山牆凸出像六角形手風琴曲斜，貨物可直接從船上用滑車搬運進屋。

那裡還有個漁市場，飄著古老的魚腥味，堆滿藍色銀色的魚；還有許多老巷弄，挨擠著迷人的刷白小木屋；這些小木屋很多都遭祝融焚燬，也因為如此，卑爾根整體看來是個現代的繁榮城鎮。這裡有座老教堂，德國教堂（Tyskekirken），

9　譯註：漢薩一詞，德文意為「商會」或「會館」，最早是指從須德海到芬蘭、瑞典到挪威的一群商人與一群貿易船隻。十二、十三世紀在北歐諸城市間形成商業、政治聯盟。十四世紀晚期至十五世紀早期達到鼎盛。

Tyskebrygge

IV —— Norway

挪威

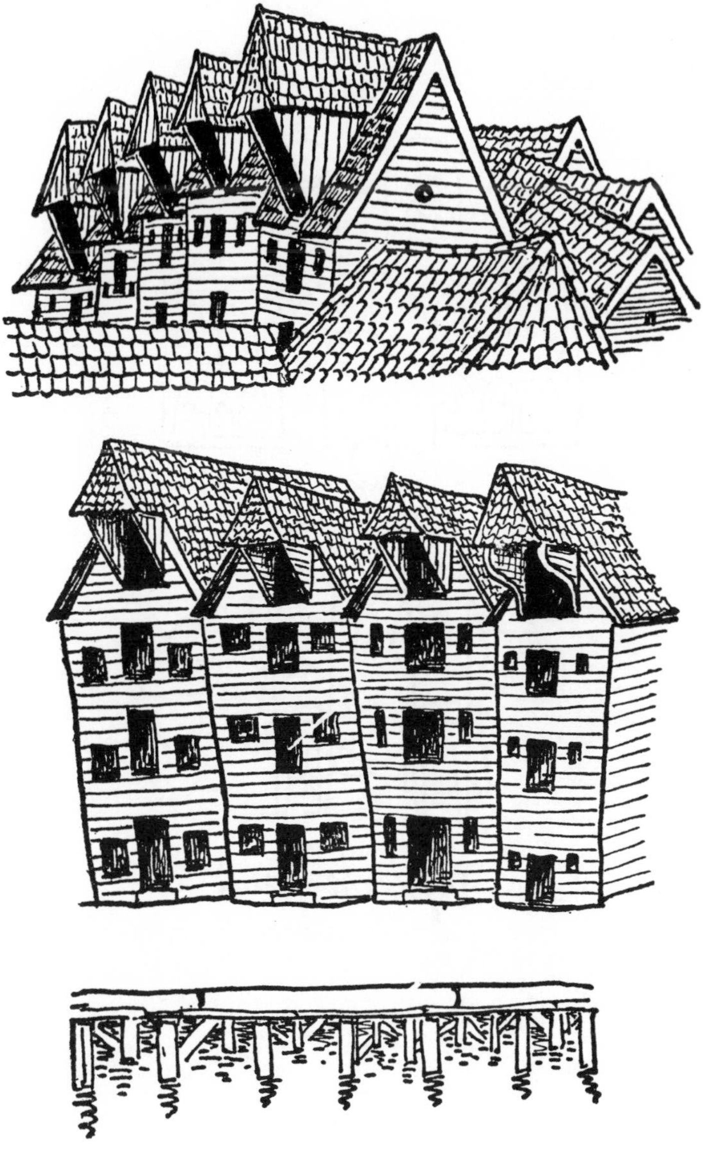

需要付費才能入內，不過很值得，裡面有座精美的哥德祭壇，還有古老還願畫代表著許多優渥的商賈人家；當時恰好有婚禮在進行，紅髮水手娶雀斑姑娘，新娘像聖母般垂首落淚，年輕的本堂牧師主持證婚，一副跳臺滑雪紀錄保持人的模樣；現場有親屬觀禮，有些人穿綾羅綢緞，有些人穿禮服繫白領帶，莊嚴肅穆，感動涕零；結果你無意中走走看看，倒是值回了票價。

此外，卑爾根還有霍肯國王（Håkon）的加冕大廳，以及羅森克倫茲塔（Rosenkrantz Tower）；在這些建物正下方，下錨停泊的船將帶我們前往特隆赫姆（Trondheim）。哈囉，小船；我們來了。

一路到尼德羅斯（Nidaros）

確實，這是一艘很不錯的船；全新的郵船，謙卑的心渴望的所有舒適設備一應俱全；唯一的遺憾是這艘船要載往北方的貨物。我指的不是甘藍菜、麵粉等這類從卑爾根胡斯區（Bergenhus）下游裝上船的東西；我指的是它做了一筆糟糕的生意，載了一批有靈性的貨物，有個來自美國某教會或基督社群的團體，要前往北角（Nordkapp）一帶旅遊；我不敢問他們的來歷，生怕他們會要我改宗。

所以我不知道那個美國教會屬於哪個教派；但可以斷定：

1. 他們鬧哄哄玩套圈圈，或在甲板上四處奔跑，追逐在旅客腳下流竄的某種木盤，船甚至還沒起錨，這個神聖社群已經成功徹底占據整個船頭；
2. 他們喜好交際，叫人難以消受，又開朗快活，一面跟自己人聊個不停，一面找其他乘客攀談；結果他們一下子就把船尾所有座位和甲板椅都占滿了。順道一提，他們一見空位，馬上

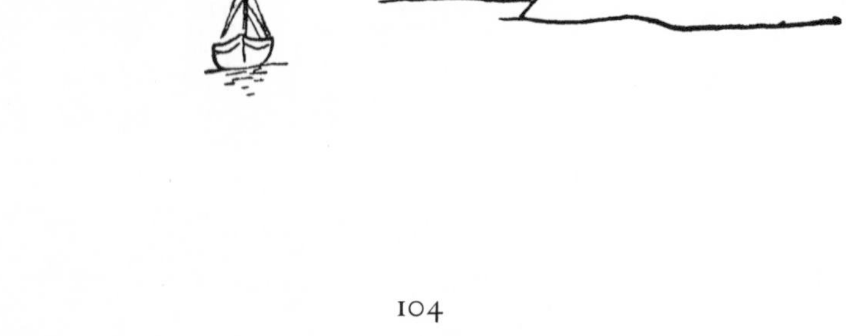

把披肩、小說、聖經和包包留在位子上，顯然是霸占著不走了；

3. 在餐桌上他們唱聖歌挑釁極了，把我們像一盤散沙的其他弱勢少數從餐桌上趕走，也趕出了船上的用餐廳；

4. 他們的活動不外乎聯誼遊戲、跳舞、合唱、祈禱等消遣；八成在實踐某種歡欣的基督教精神，孜孜不懈地散播取悅神的一種屬靈的純真喜樂。說真的，令人發毛；

5. 他們熱烈實踐愛鄰如己，照顧暈船的人，照顧狗，照顧新婚夫妻、孩童、水手、本地人、外國人，多半是跟他們說說話、鼓勵他們、熱烈地為他們打氣、問候他們、對他們微笑，總的來說，用滿腔的善意威嚇他們；所以我們其餘的人幫不上什麼忙，只好把自己關在客艙裡，悶悶不樂地在心裡咒罵。上帝可憐可憐我們吧！

• • •

為什麼呢，因為這裡很美；你瞧，北─霍達蘭（Nord-Hordland）山巖環抱的峽

灣靜謐清澈，花崗岩島嶼星布其中；看哪，夕陽濺起粉紅霞光和漫天遍海的水霧，在山巒之間暈染出靛藍氤氳；還有那艘漁船像魅影似的掠過我們發出小小紅光——天啊，此情此景何等美妙！可是那神聖社團卻在那絕美的夜裡哀鳴聖歌。

那團體的成員似乎以某個歲數的女士為主；老實說她們很像戰士，儘管有幾個身子虛、迷迷糊糊、幾乎百歲的老奶奶；此外，還有個六十歲頑童穿膝上裙戴童帽、一個馬臉的女士、一個長疹子和一個身體沒有明顯毛病的；一群年齡不一的寡婦，從染髮的到銀髮蒼蒼的都有；有位紳士有副松鼠般的暴牙，另有個矮小精幹的老傢伙活像醃魚乾，八成肝有毛病；整體來說，是一群不向命運低頭的老姑娘；總之，他們看起來像一般的慈善組織，只不過人數不該這麼龐大；壓根就是太擾人了。他們也不該歌頌造物主的榮耀。至少不要在這裡歌頌。真希望有人跟他們說，好好欣賞上主的傑作和榮耀，閉上你們的嘴——

然後這一群人停止唱歌，左顧右盼。馬臉女士戴上夾鼻眼鏡。「這不是很好嗎？」

「太棒了！」

「我們接下來要玩什麼？」

就是壓抑不了；信仰帶給人的力量真教人驚奇！

•••

不能再這樣下去；讓我們把這些美國

聖人丟到海裡；至少讓我們詛咒他們在甲板上擲來擲去的那些木盤；我知道這樣罪大惡極，但至少可以找點樂子！至少讓我們喝一杯，讓造反的惡靈降臨我們身上；然後索性把話挑明，拉緊腰帶，我們要踢走他們的木盤、拆掉他們的套圈：給我上床睡覺去，你們這些聖人！這裡有一些人要跟這夜晚、這大海、這天空、這寂靜等等擺平一些事；給我小心點，閃開，不然你可要倒大楣。

但什麼事都沒發生，因為挪威船上不賣酒。

• • •

奇蹟出現，看似如此。那群美國聖人正要唱起另一首聖歌，他們的靈牧——略為發福的一位救世代理人，跟理髮師一樣愛閒扯，把叮叮噹噹響的小十字架當識別證般，掛在平常人的腰子部位——總之，這位靈牧吹哨，只見所有人當中噸位最大的聖人登臺，一屁股坐在揚聲器上，閉上眼睛，張嘴就要拉開嗓子；剎那間，她裙襬下爆出了碰恰碰恰非常世俗的狐步舞曲。這位可敬的女士從座位上跳起來，彷彿剛剛坐到了火燙的爐子上，但靈牧拿出了紳士風範；他把音叉放入褲袋，鼓起掌來。「那麼，我可否有幸請妳跳支舞！」他邀這位魯莽女士共舞。

• • •

在大海上的早晨，我們正在繞過斯塔特蘭（Startland）的陸岬，來到開闊的錫勒灣（Sildegapet）這裡，船總是有點晃。你馬上會看到；甲板上有一、兩個人暈船，虛脫無力，而其他人也好不到哪去。那一大群教友待在底下，想必在禱告。

可是這風光不美嗎：鉛灰的海面捲起幾道白頭浪；右方是凹凸有致如壯碩裸臂的挪威海岸；海鷗尖叫著御風滑翔。你低下頭看見海水被船的龍骨攪盪翻騰；碧綠得像硫酸鐵、像孔雀石、像冰山，或之類的；被猛然濺起的白水花鑲上了浮沫飾邊，看哪，在我們後方由浮沫標示的行跡，一路伸向地平線；看看那尾波讓小漁船顛來晃去的，有個人站在漁船上，他舉起北極熊掌似的手朝我們的船揮舞——

「嗨！」那靈牧喊道，揮帽回禮；顯然是以他的教會之名、以美國之名、以整個基督教世界之名行禮。

．．．

又是兩岸山巖夾峙的峽灣；水面平靜下來，光滑閃亮動人；那一群會眾上到甲板來，見人就擾人地微笑。「天氣真好！」「風和日麗呢！」「很棒呢，可不是？」一小群人裹著毯子占據所有座位；接著他們戴上眼鏡開始看小說或其他聖書，熱烈聊起他們在美國的朋友。那靈牧到他們這裡來轉了一圈，愉快地拍拍老奶奶的背熱情嚷嚷；一副整艘船歸他管的樣子。我們能怎麼辦，只能任憑他的人道活動擺布；那傢伙將拯救我們，如果我們沒有強行把他趕到某個荒島上的話。我很想加入我信任的一、兩個人當中；一位是挪威人，他剛娶了一個漂亮卻跛腳的可憐姑娘；一位看起來像義大利伯爵，帶著模樣標致而膚色黝黑的女士旅行；還有個無賴戴著德州帽、穿卡其襯衫，永遠拎著啤酒坐著，逢人便說起他和牛仔、淘金人或毛皮獵人的冒險；總之，我們這幾個應該足以湊成一夥，只是我們兜不在一起，因為在這船上，我們沒有像樣的東西可以喝。不賣酒，真可惜。

．．．

船終於在奧勒松（Ålesund）靠岸；這是個大海港，飄著魚腥味，但不算糟。那美國牧者領著他們一行人入侵奧勒松；我們其他人呢，我們想看看能買到什麼。沒錯，每兩家店就有一家販賣讓人覺得有希望的瓶瓶罐罐，總標示著蘭姆、或鳳梨、或潘趣酒抽取物；但它們不含酒精？不賣酒，他們說，揮了揮手臂。什麼，不賣酒？英勇的水手上這裡來喝什麼？不賣酒，他們再說一遍，聳聳肩表示遺憾。可真奇了，那奧勒松。

好吧，隨你；我們要去莫爾德（Molde）。莫爾德據說是個花城；就不信在那裡找不到你要買的東西！就這樣吧，去莫爾德；很不錯的城，在隆斯達峽灣（Romsdalsfjord）的另一側，秀麗的尖峰連綿；花園裡滿是玫瑰和漏斗花；有一座木造教堂，但美國靈牧已經滲透那裡，開始傳道。花城，名副其實；但不賣酒。抱歉，店主人說，你在這裡買不到酒；這裡沒有公賣局（vinmonopolet）。

好吧，隨你；但我們這會兒不回船上，就讓那美國教會盡情在那裡肆虐；與我何干，就讓他們改信他們的教吧，那船長、大副，還有全體船員；我們要翻山越嶺前往耶姆內斯（Gjemnes），再從那裡前往別的地方。車子已經在趕路，喀嚓喀嚓前進，卻突然停下來；那靈牧帶著三隻小羊往車廂內擠，簡直要坐到我們腿上來。「現在我們可以出發了。」他熱烈宣布；接著他開始高聲對莫爾德花城的孩童說話，「嗨，嗨，你會說英文嗎？不會？說幾句來聽聽，孩子！你聽不懂英文？」這位麻州來的使徒搞不懂狀況，然後他轉向我，「但你會說英文吧，會？不會？你從哪來？布拉格？對，布拉格。我去過布拉格，很不錯，很不錯的城市。」

「很棒。」

於是我們沿著隆斯達海岸（Romsdal riviera）行駛，沿著范內峽灣（Fannefjord），很美的地方，藍色峽灣，高山很像阿爾卑斯山；老天爺，我真想好好欣賞風景，但靈牧不時動來動去，俯身對他的羊群說話。放眼望去，到處是銀狐出沒的農場，漁夫把鱈魚掛在自家牆上風乾；這情景我從沒看過；這種生活想必很苦，當你明白風乾鱈魚會有什麼味道。眼下靈牧在大談闊論他對兒童教育的看法，或什麼的；羊群點頭如搗蒜，欽佩地說沒錯、確實、說得真對；然後這位靈性領袖的頭撞到車頂，一時說不出話來；然後他望向車窗外的花崗岩山脈：

「真迷人，可不是？」

「很棒！」

「嗯，我們剛才說到哪——」

我們繼續穿越森林和谷地，越過細雨濛濛的平原，哀戚得像世界末日，在積雪的山麓經過幾個漁村；這時不知疲倦的靈牧滔滔不絕地指點詹姆斯太太，有些事萬萬行不得。說得真對，沒錯、確實。這哀愁的水域可能是廷沃爾峽灣（Tingvollfjord），而那歡快的水域，可能是巴恩峽灣（Batnfjord）；這位靈性顧問談到心絞痛、癌症和其他病；這些都是有道德深意的病，他堅稱；只能從寓意來解，是的，沒錯。真對，可不是？

終於到了耶姆內斯，掌心般小的港灣，三個男人在這裡等開往克里斯蒂安松（Kristiansund）的電動船；上方蒼翠的山崗穹頂積雪盈盈，下方碧水底層遍布黃褐水草；好似一襲翠綠錦緞上的金線織花褪了色。「你會說英語嗎？」靈牧低沉有力地問，把三個等車的人聚攏到他身旁；他們聽不懂他說什麼，有點發窘，但他一點也不愁；他伸手拍拍他們的背，繼續愉快地說話。一個好心腸的傢伙，無庸置疑。

電動船來了，要載人環遊峽灣。基督使徒和他的羊群上船，這會兒他正找人講話。羊群把可以坐的地方都占滿了，開始嘰嘰喳喳說個沒完；儘管周身是靈秀的峽灣，但此時已向晚；山間先前下過雨，煙嵐雲岫，一道彩虹升起，水面化為一匹金緞，映著藍色調的山巖；底下傳來船員忙活的陣陣聲響，還有靈牧的開朗嗓音。怪了，在這峽灣內，一切如此討喜，蒼翠得像園圃；愈靠近海，岩石愈裸露，最後光禿禿的，到處有漁屋，還有灰色巨礫上的大水缸；想必是醃鱈魚用的。放眼不見有樹，只有一簇簇褐草長在巨礫之間；在這裡，大地只給人類石頭去晾魚。

「天氣很好，嗳，可不是？」靈牧說。

「是啊，很不錯。」

「很棒。」

• • •

這是克里斯蒂安松，捕鱈之都，假使你想知道的話；一座木造城鎮，所有商行、所有倉庫的山牆都是木造；灰色、綠色、紅色小屋，聚集在港灣周圍；每棟房屋的屋脊全被海鷗盤據，我生平沒看過那麼多海鷗；也許牠們在那進行某種靈修。

接下來，我們必須回到船上；但我們額外載了一群人，克里斯蒂安松的足球代表隊要前往特隆赫姆出賽；整城的人來到船邊為這群英雄送行。連當地的小狗也跑來，快樂地搖著尾巴。那靈牧眉開眼笑，他喜歡人群；他的肚子壓著欄杆俯身向前，友善地叫嚷驅散那些狗。這些狗能怎樣？垂下尾巴走了。然後這位偉人愉快地對當地民眾講話。「你會說英語嗎？會？不會？好天氣，什麼？哈，哈，哈。」

船員們忙進忙出，船駛離港灣；克里斯蒂安松所有人揮帽、吆喝三聲等等之類的，為當地英雄加油打氣。

靈牧揮了揮帽，以美國之名和整個文明世界之名，向克里斯蒂安松致意。

• • •

IV —— Norway

挪威

請告訴我，大副，挪威哪裡可以弄到一滴酒？假設，你需要酒來嚥下仇恨、淹死一條蟲、壯壯膽等等；沒辦法了嗎？

沒辦法，先生；這裡的海岸很神聖。從卑爾根一路到特隆赫姆都不賣酒。要到特隆赫姆[10]才有一間公賣局，接著在博多（Bodø）、那維克（Narvik）和特龍瑟（Tromsø）也都有；在那裡，你想買什麼都行。但這裡不行，大副難過地說；這裡住的都是聖潔的人。在我們國家，酒是公家專賣，不過每個城鎮都可以投票決定，要不要讓公賣局進駐。以前這裡的人會喝酒，先生，大副揮了揮手。但是在特隆赫姆有酒，那裡很好。

10 作者註：特隆赫姆，舊稱尼德羅斯，後來改為特隆赫姆，與瑞典的聯盟解體後，又改為尼德羅斯，現在稱特隆赫姆或特隆汗都可以，端看你說的是方言還是國語。很可觀的一座城，很富裕，有個舊港在尼德（Nid）河畔，兩條大街，分別是孟克街（Munkegate）和孔建斯街（Kongensgate），有座皇宮稱為斯蒂夫斯花園（Stiftsgard），據說是挪威規模最大的木造建築，有一座出名的教堂，和一間公賣局（就在港灣邊，你絕不會錯過）。公賣局從早上十一點營業到下午五點，而尼德羅斯大教堂從中午十二點開放到下午兩點。溫塞特的小說《新娘・主人・十字架》（*Kristin Lavransdatter*）的女主角，就是到這裡（大教堂）朝聖；至今她仍是一座美麗的教堂，雖然靠信眾捐款修復。此外，還有一座龐大的共濟會堂（Freemasons house），在北歐的大城都設有這類會堂。因漁獲、木材和英國偵探故事而繁榮發達。

IV —— Norway

挪威

Trondheim

在特隆赫姆，我們在夜裡逃離那艘船。我說過，那是一艘很不錯的新船；只不過載了那批貨是她大不幸。

搭乘「霍肯・埃達斯坦」號（Håkon Adalstein）

我記下這艘船的全名，首先是因為她值得紀念，其次是她很可能不再載客了；可憐的東西，今年是她最後一次提供載客服務。將來船上的吸菸廳和小客艙會被撤走，只剩下把煤運送到斯沃爾韋爾（Svolvær）或亨墨菲斯（Hammerfest）的業務；世事無常。

老實說，特隆赫姆的防波堤給人的第一印象不太好；大夥兒把磚塊搬上霍肯號，起重機卸貨時讓船搖晃得很厲害；而那船，我看，小得出奇，比在我們的

伏爾塔瓦河（Vltava）上航行的「迪特里克市長號」（Primátor Dittrich）[11]還小。有人搭這種小船前往北角的嗎？

有個高頭大馬但慈祥和藹的胖紳士站在那些磚塊上，手插在口袋裡。「船長先生，」陪伴我一生也隨我一同北上旅行的人憂心忡忡問，「船長先生，這艘船很小，不是嗎？」

船長眉開眼笑，「是啊，」他語帶著讚賞說。「很小的船，夫人，但很舒適。」舒適，確實如此；他們正把一袋袋水泥裝上船。「船長先生，這船很老了吧？」

「不，」船長保證。「很新的船，整個改裝過。」

「什麼時候改裝的？」

船長想了一下。「一九〇二年，」他說，「很好的船。」

「她有多久歷史了？」

11 譯註：以曾經擔任布拉格市長的布拉格汽輪公司創建者František Dittrich的姓氏命名。

「唔，」船長吸了一口氣，「六十二年了，夫人。」

憂心忡忡的陸地人只能眨眨眼。「那麼，她載得動那些磚塊和水泥？她不會沉嗎？」

「不會，」船長斬釘截鐵說，「我們還要裝三百袋麵粉。」

「還有那些箱子？」

「是啊，我們要載走所有東西，」船長安撫那抹不安的靈魂。「我們還要裝上兩百噸的壓艙物。」

「為什麼？」

「這樣船才不會翻覆，夫人。」

「她會翻覆嗎？」

「不會。」

「她會撞上另一艘船嗎？」

「不會，除非起霧。」

「夏天這裡常常起霧嗎？」

「喔，是啊，有時會起霧。」船長眨了眨在濃眉底下那雙友善的藍眼睛；我想因為有那雙又濃又長的眉毛，當他望向遠方察看有沒有礁石時，就不需要用手遮住眼睛上方。

「這船只在夏天出航，不是嗎？」

「不，冬天也會。每兩星期來回一趟。」

「那麼你可以待在家幾天？」

「兩天，一年五十天。」

「太糟了，」這個有同情心的人為他擔心。「五十天！你不寂寞嗎？」

「不會，這樣挺不錯的。嗳，在冬天，我們沒載客；有時候甲板會結冰，結成厚厚一層，要常常把冰敲碎剷走。」

「這樣才不容易打滑？」

「不，這樣船才不會沉。嗳。」船長心滿意足地嘆了口氣。「很不錯的船，你會想一直待在船上。」

• • •

船長，我不敢說我們會喜歡待在這船上；這裡確實滿舒適的；掌心般大的甲板，兩張柳條椅，就這樣，不騙你；那綠絲絨的吸菸廳，幾分像一八八〇年代的妓院，也有幾分鄉間車站頭等候車廳的氣息；紅絲絨的飯廳，十二間客艙附有基本裝備——兩個像熨衣板的舖位，兩個標示著*livbelt*的救生圈，以及暈船用的兩個唾壺。你無法坐在那些熨衣板上，因為它裝了鐵杆，防止你在船搖來晃去時摔下來；枕頭小得可憐，像娃兒的尿布，不過你可以拿救生圈當枕頭，用起來還可以。船上沒有高傲的管家，但有個羅圈腿的婦人和脾氣暴躁的老姑娘；在這裡你只覺得自在。

在你頭頂上方，絞盤咯咯響不停；一開始感覺有點吵，但你會習慣它；不管怎樣，你知道船上有作業要進行。他們把麵粉搬上船時的咯咯聲不一樣，搬磚塊時又是另一種聲響；你很難相信這樣的一艘船可以裝載那麼多東西。

午夜，霍肯埃達斯坦號還在裝運要送往特隆赫姆港的一袋袋、一箱箱貨物；她的汽笛已經鳴了第二次和第三次；靠近螺旋槳的地方開始翻攪。霍肯埃達斯坦號震了一下，軋軋響，開始移動。那麼，一路順風，晚安；這會兒總算啟程北上了。

• • •

「醒醒！你看，醒醒！」

「怎麼了？」

「水滲進來了！」

「沒有吧。」

「有啦！從舷窗潑進來了！」

「喔。」

「什麼？」

「沒什麼，我說『喔』。」

「那你快想想辦法！」

「為什麼？」

「因為水滲進來了！我們快沉了！」

「喔。」

「看在老天的分上，你別睡——」

「我沒睡。」老公坐起身，摸索開關。「怎麼了？」

「水滲進來了！從舷窗進來的！」

「從舷窗進來。喔，把它關好就行了。」

「那把它關上，不要光說『喔』。」

「喔。」老公從燙衣板起身，翻過鐵杆，走去關舷窗。窗外天光清澈，大海上捲起小小的白頭浪——大海，不是峽灣！這就是為什麼船有點——

「呃，啊——」老公咕噥。

「怎麼了？」

「水從舷窗潑進來的！」

「快把舷窗關上就好了。」

老公低聲暗罵，試著關上舷窗，可是你需要扳手才能把那些螺桿扭緊。

「噢，該死！」

「哪裡不對？」

「我全身濕了！」

「怎麼會？」

「水從這裡進來！」

「是嗎？」

「是啊，從舷窗潑進來！」

「嗯。」

總算把舷窗旋緊，我的手指差點脫臼，渾身濕得像鯡魚。

趕忙鑽回毯子下，把救生圈塞到頭下——

又一陣痛苦呻吟。

「怎麼了？」

「**船在搖！**」

「喔。」

「我快吐了！」

「喔，不會吧！」

「可是船在晃。」

「它沒在晃。」

「它晃得很厲害！」

「喔。」

「你不覺得它晃嗎？」

「一點也不覺得。」確實，它在搖，但女人不必什麼都知道。其實感覺滿好的；它把你輕輕抬起，接著它遲疑片刻，軋軋響幾聲，隨後往下盪；現在它又從你頭底下往上托——

「你感覺到了沒？」

「什麼也沒有。」當你突然看到自己的腳比頭還高，會有點頭暈眼花；它們看起來很怪。

「我們會不會沉下去？」

「不會。」

「拜託你打開那舷窗，不然我們會悶死！」

做丈夫的翻身下了熨衣板，又把舷窗打開。他擰開螺桿時，手指會再脫臼一次，不過現在也沒差了。「噢，天哪，」他突然倒抽一口氣。

「你覺得冷嗎？」虛弱的同情嗓音問道。

「水又從舷窗潑進來。又是大量的水——」

除了沉重的嘆息之外，只剩一片沉默。

「這裡很遠嗎？」焦慮的嗓音問。

「是啊，離岸有一英里。」

「你怎麼知道？」

「我在某處讀到。」

「老天！一英里遠！」驚嘆聲變大。「在一英里遠的地方，你還睡得著覺！」

「為什麼睡不著？」

「你又不會游泳！」

「我會。」

「可是離岸這麼遠，你肯定會溺水！」

「在二十呎之內我就會溺水。」

「你要撐著點！」我聽到低聲呢喃，好似有人在禱告。「我們沒辦法逃到哪裡去嗎？」

「沒辦法。」

「你沒感覺到船晃得多厲害嗎？」

「有一點。」

「遇到大風暴了，可不是？」

「唔。」

接著霍肯號被猛力往上拋，激烈地咯吱響。走廊上的客艙鈴發出叮噹聲。啊哈，有人身體不舒服。還不到清晨五點，我們眼前這一片茫茫大海，他們把它叫做福爾達（Folda），簡直一路延伸到勒爾維克（Rørvik）。美好的一刻。隔壁床傳來的嘆息聲愈來愈頻繁，簡直轉為呻吟。隨後突然打住。

擔心的老公趕緊查看發生什麼事。沒事。她睡得很熟。

在小船上被這樣翻拋，確實會讓人入睡。就像躺

在搖籃裡。

• • •

耀眼的清晨，依舊在茫茫大海上；搖晃已經沒那麼劇烈，不過多少還有一些——所以你寧可別碰早餐；你覺得多呼吸清新空氣會更好。船長雙腳分開站在甲板上，心滿意足眉開眼笑。

「昨夜快天亮時，海上風浪有點大，是吧？」

「不，相當平靜。」

• • •

此刻又見海上有許多島嶼；我想這些島

就是杜恩筆下的漁夫討生活的島嶼；偉岸而平緩的岩地上零星散落點點綠意。這裡有種蕭索寂寥的氣息；渾圓壯碩的小島只有一幢小屋；一艘小船，和一片海，別無其他；連一棵樹也沒有，甚至沒有鄰居，什麼都沒有，只有岩石、人和魚。這裡的人不需要上戰場變成英雄；他能餵飽自己就足夠了。

勒爾維克，是這些島嶼當中的大城；約有二十棟木屋，其中有三棟是飯店、十間是咖啡屋，還有當地報社編輯辦公室；這裡約有二十棵樹，還有多得數不清的喜鵲。我們把麵粉運到這裡，跟這裡的一條狗建立忠誠的友誼；如果你正巧往那方向去，牠是可卡獵犬，很可能是當地無線電臺養的狗。

城的四周已經是荒地；只有岩石、矮柳和歐石南；那其實不是歐石南，而是岩高蘭，或稱紅莓苔子，它結的黑色莓果酸澀沒滋味，有人認為像我們的烏嘴莓。一隻無角的閹牛被牽到那裡放牧，牠死命地吼叫，就像準備就緒要出航的船；我不覺訝異。地面沒有岩石的地方，就是深不見底的泥煤；到處可見泥煤被挖掘出來堆成小山晾乾；原來這些就是我先前眺望這些島時所見的黑色金字塔，當時我還徒然猜想它們是什麼。他們隨時會從那些泥煤挖出古老樹幹或根樁；在古代這裡到處是森林，那肯定是數千年以前；老天爺，光陰如梭！

霍肯埃達斯坦號像被拴住的閹牛那般吼叫；好，好，我們來了。假使你把我們留在這裡逕自出航，我應該也會習慣這裡；我會為當地的報紙寫文章，然後走入有千年歷史的森林散散步。我要寫些什麼呢？這個嘛，寫過去一千年的真實情況，大抵會包羅萬象，還有北歐巨人之間的新聞；據說這些民族在某處備戰，要相互攻打，不過這可能不是真的；我們這些從勒爾維克來的人，以及整個維克納（Vikna）區的人不都懂得，人與人要相互尊重，而且很高興有好鄰居為伴。霍肯號來了，一艘很舒適的新船；她載著國籍不同的三十名外國人，他們沒有備戰，彼此之間沒有爭吵，反而和和氣氣地買明信片，舉止顯得很有教養。十二點整霍肯號起錨，往更遠的極地之旅出發，打算深入博多，甚或羅孚敦群島。我們希望這艘快樂的船一帆風順！

那麼，前進，並注意冰山；以前這裡到處有冰山，那不過是二十萬年前；它們四處留下了強有力的指印。你靠觀察就可以發現它們在此的手法：那樣的一座冰山像銼刀似的把高山銼出尖刺和尖頂，把小山削平，或刨出銳利波峰。要用真

IV —— Norway

挪威

正古地塊（massif）來動手時，它挽起袖子，然後又碾又磨又刮又銼，直到在山峰之間鑿磨出深坑；它揚起鋸屑，譬如冰磧石，再將之軋平，它把山坑變成小湖，自小湖抖落一道飛瀑，於是大功告成。其實，說起來相當簡單，自始至終手法都差不多，但是那磅礴大器之美，你只能一再讚嘆。這整件事點出：人也應該在大事上顯現魄力、在小事上表現細膩。

譬如這裡有座島，叫做萊卡（Leka），島上有個化為石頭的少女，她逃開了巨人赫斯特馬納（Hestmannen）的追求在此落腳；這想必有個典故，因為直到今天，那巨人一直留在赫斯特馬納島（Hestmannøy）；他也化為石頭，連同他騎的那匹高一八四五呎的馬。這裡還有其他山

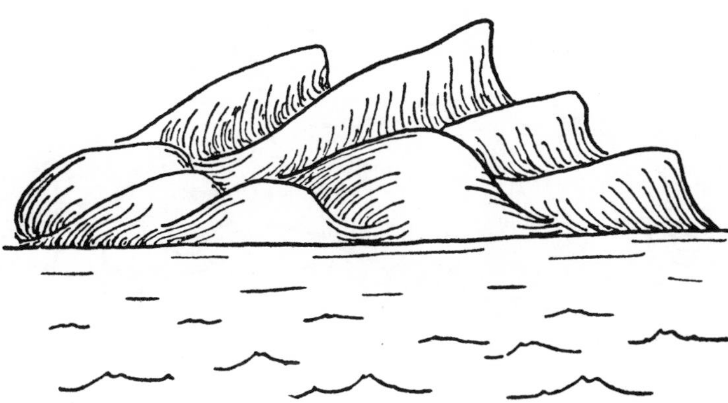

岩，你可以看出它們其實是許多花崗浮岩挨肩疊背的；想必當時有過一段動盪的歲月。在托里格（Torget）島上也有一座山巖，名為托列加騰（Torghatten），有個大洞貫穿山體，或者說是一條通道；通道又長又高像座哥德大教堂；我去過那裡，我認為那山巖原本有一道裂口，後來山頭斷裂滑落形成頂蓋；不過，如果有關於托列加騰起源的另一傳說，假設是巨人所為，這說法也可能是真的，那我也認了。在托里格島上約有一打的居民；他們多半靠賣蔓越莓、檸檬汁、明信片和海膽維持生計；有個姑娘直挺挺站著不動，像木雕像似的，她甚至賣起單株紅玫瑰；肯定是這裡最稀有的品種。此外，從那山巖隧道

望向托列加騰的兩端視野絕佳：蛋白石般的海面上點襯著幾座藍色島礁——

「那石頭會不會掉下來砸到我們？」有個焦慮的人問道。

「不會，它會維持這樣起碼兩千年。」

「拜託，趕快離開這裡！快！」

•••

接著是布倫訥伊（Brønnøy）海峽和布倫訥伊松（Brønnøysund）小鎮，簡直被鱈魚乾占據。鱈魚吊在長長的高籬上風乾，靜靜發出臭味，帶有北歐的固執。在這裡，巨礫、鱈魚和大海構成了一整個世界。我們離北極圈愈來愈近。

越過北極圈

那晚，我分不清是夢是真：也許我只是夢到自己數度起身，從客艙內的圓舷窗往外望，看見了月球上的地景。投映在珠光色海面上的不是真實的山脈和岩石；而是某種奇形怪狀的東西；也許這只是一場夢。

想必我睡著了，在睡夢中我們越過北極圈，並光榮地拉響汽笛；我聽到霍肯號發出笛聲，但我沒起床；我以為那沒什麼，以為我們只是快沉了，或者在呼救，或什麼的。到了早晨我們已經越過北極圈；沒辦法了；我們就這樣來到極地，沒有好好慶祝一下。我們在熙熙攘攘的溫帶像籠中鳥般過一輩子，在跨越過那道線時卻是在睡夢中。

說老實話，第一眼看到極地非常失望。這就是極地？真不公平；離開莫爾德

之後，我們沒看過如此蒼翠宜人的土地：低處有一畝畝小田地，人類屋舍密布其間；高處的土丘和穹丘上樹海搖曳，而在樹海之上——

「大副，那深藍色的、從山峰之間垂下來的東西是什麼？」

這位從特龍瑟來的好脾氣的北極熊擔任我們的舵手，他說：「啊，那是斯瓦蒂森冰川（Svartisen）。」

喔，那是斯瓦蒂森冰川；而斯瓦蒂森冰川究竟是什麼？它像極了冰河，卻藍得如此通透；再說冰河不會向下延伸這麼低，還伸入那些綠林裡——

拉近一看，其實那是樺樹林，林中不外乎長了一些褐色白色蕈菇、結黑果實的紅莓苔子，以及遍地蔓生的杜松，還有仙女木、紫斑掌裂蘭和金黃的千里光；然後有個褐色碎石堆成的冰磧丘，接著是千真萬確的冰河向下延伸，幾乎觸及海：一根琉璃似的巨大冰舌，從上方的冰原伸了出來，山峰之間盡是冰凍的巨礫、冰壑和冰瀑，約有二十碼厚；全都藍得像花紺青、藍得像硫酸銅，或群青；如果你想知道它為何被稱為黑冰（Black Ice），那是因為那種黑曜藍會刺痛你的眼；更低處有一汪蔚藍的湖水，湖中點綴著許多綠松石般的大浮冰——

Svartisen

「不要太靠近，」另一半焦慮的嗓音喊道，「萬一它落到你頭上就慘了！」

陽光轉趨暖和，冰河的裂隙喀嚓喀嚓作響；在藍冰山腳下，粉紅蠅子草甜美地盛開著。我跟你說，這世界真叫人發窘；有一天我會回想起眼前的一切，會不敢相信那是真的。只不過這會兒我們有幸看到了；據說冰川不斷在變小，也許不出兩萬年就會消失不見，大副這麼說；但願在那之前會有另一個冰河期出現。在那上頭，據說那冰河覆蓋了兩百平方英里面積；這下可好了，我一定要用手指摸一摸——兩百平方英里，很值得摸摸看。

不過，你要從遠處才看得出它有多麼遼闊：那高聳的山陵，山後那一片雪白與冰藍交織的平坦寬豁，那是斯瓦蒂森冰川；那邊的波峰，也是斯瓦蒂森冰

Grønøy

川，還有那燦光耀眼的山頭，依舊是斯瓦蒂森冰川。你來到了蒼翠島群，名叫格羅奈（Grønøy）；青草高及腰際，蔥籠迷人的公園有楊柳、赤楊和山楊，黃鼠狼在巨礫上曬太陽；典型的極地風光。在那些像是披著綠毛海的公羊的可愛小島上方，那略帶藍色的山脊，以及山後那閃爍著金屬光澤的環帶：始終都是斯瓦蒂森冰川。

・・・

很久以前，有個小小學者發現：有一股溫暖洋流湧向北歐地區，它的源頭來自墨西哥灣灣流。當時他把它想

Hornfjord

像成一股強力海流，把鸚鵡羽毛、椰子和天曉得還有別的什麼帶到極地海岸。不可否認，暖流沒有夾帶椰子來，不然這裡一定看得到椰子樹，而今我相信溫暖灣流或其他形式的中央熱力流到了北歐。在海格蘭（Helgeland）這裡，你會發現氣候格外宜人：暖流徐徐流過翠綠海岸，簡直是深情地吐出溫婉氣息。在其他地方，它甚至屏氣凝神，譬如格洛姆菲尤爾（Glomfjord），我們把麵粉和甘藍菜帶給那裡的發電廠人員；結果那兒的海流靜悄悄的。世上有少數地方詭譎平靜得像深口袋的最底端，他們管它叫峽灣。它通常狹仄，兩側陡巖緊鎖；它也形同天地的盡頭，就如同伸入無垠大海的地岬末端；它是袤僻土地深處適航海域的末端。唯獨在瀑布底下的岩棚上，固定著一臺渦輪機，還搭起一排小屋，那就是全部；其餘是陡直的裸岩帷幕，壯闊地波動起伏，倒映在碧水中。伸向大海的峽灣形成狹長海岸；那裡已經有一小片田野、一間茅屋，和一座閒適的農村散布得很廣；彌漫著寧靜致遠的氛圍，還有乾草和鱈魚的氣味，因為這裡的土地用鱈魚骨當肥料。

⋮

謝天謝地，沒有教會團體或旅行

團搭乘霍肯埃達斯坦號旅行；它其實是很溫馨的一艘船。世上其他地方的事，就隨它去吧！在這裡我們是一小撮自豪的個體，沒有領袖，也沒有靈牧；你看我們的長相就知道；對我們來說，以個體的形式存在，人生才會好過。這裡有個挪威醫師帶著夫人，一個美麗嫻靜的女人；另一個挪威人有對松鼠尾巴似的濃眉；一位年輕的德國出版家，讓人聯想起費迪南德．佩魯特卡（Ferdinand Peroutka）[12]，帶著他年輕的瑞士妻子；一位德國音樂教授，胖胖的，有一頭捲髮，整個人看起來很滑稽；還有另一位挪威醫生，個個都很精明，在特隆赫姆的公賣局為自己做足了準備。還有一對戴眼鏡的德國夫妻，瘦弱的急驚風；先生急急忙忙在甲板上跑來跑去，忽左忽右以機關槍掃射的速度按快門，他太太跟在後頭，根據地圖和指南來確認山的名稱；可憐的東西，她現在已經落後一點五個緯度；當我們抵達北角，她在地圖上最遠只到吉布斯塔德（Gibostad），而且這情況很可能會引起婚姻失和。還有兩位年老體衰的女士；我不知道她們到北角找尋什麼，現今這年代老

12 譯註：費迪南德．佩魯特卡，一八九五—一九七八，捷克斯洛伐克第一共和國時期的著名政治思想家和新聞記者。

IV —— Norway

挪威

Meløysund

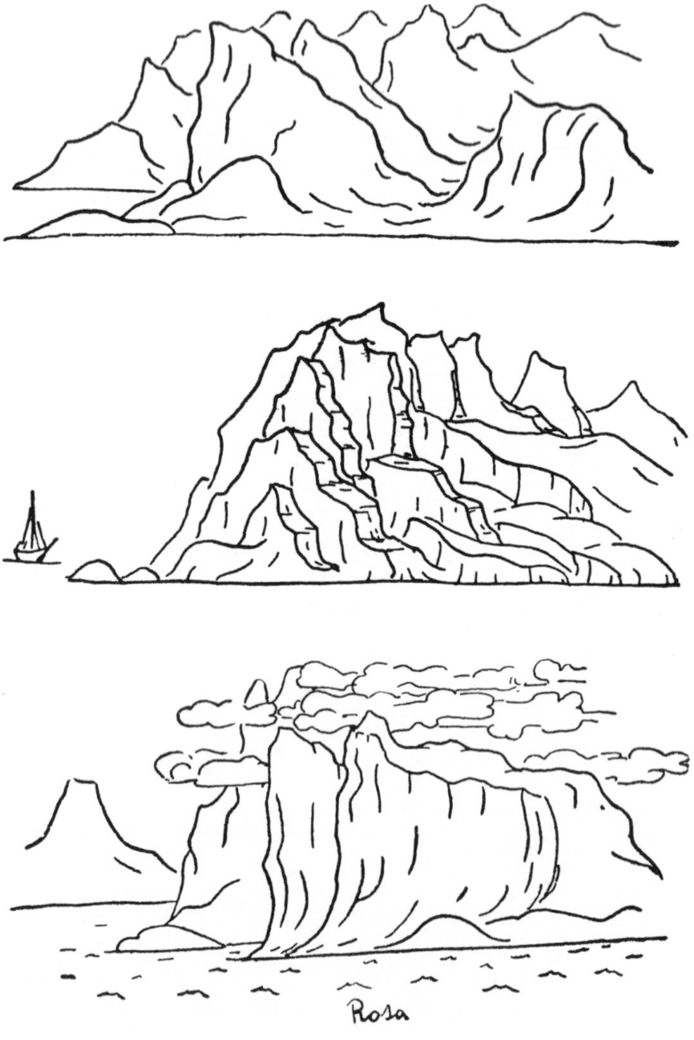
Rosa

太太無所不在；當艾瑟頓中校（Colonel Etherton）或其他人有天登上聖母峰，肯定也會在世界屋脊看到兩、三個老太太。還有另一位挪威醫生，不過他是要返回遠在亨墨菲斯的家；一個年輕的鰥夫，有個尚在襁褓中的孩子，他要帶新婚妻子返北，一個甜美的姑娘；在北方那一帶巡迴出診很辛苦，這年輕醫生駕一隊馴鹿雪橇，或開電動船越過海灣，遠行至芬馬克（Finmarken）去訪視病人；他說在極夜期間遇上暴風雪，耗光了汽油，可是非常不愉快的事。還有個號稱機師的一位高齡紳士，以前在開往北角的船上當機師很多年；但現在在陸地上某個發電廠上班，趁休假到北角走走看看；只是離開特隆赫姆後，他還沒清醒過，下榻同一客艙的音樂教授說，他簡直爛醉如泥，只喝酒或之類的。還有五位挪威教師，或幾個郵局職員；他們總一道出現，確實如此，不過他們沒有在船上形成多數，所以完全無害。還有一大群挪威童子軍，長手長腳的淘氣鬼，在船頭紮營；只不過人數比昨天少，搞不好有人在途中失足落水；我們在羅孚敦群島擺脫了他們。

• • •

來到了梅雷松（Meløysund），攤在甲板藤椅上的機師醒來，無可救藥地迷上了年輕的瑞士姑娘；他瞅著她，眼神沉鬱迷濛，顯然神智清醒。

就在這時，沿岸群山魚貫地從眼前掠過，神態各異；這一座閃耀光芒有如王冠，那一座霧靄彌漫陰森凜人；有的孤僻而特立獨行，其餘的勾肩搭背樂於結夥。各有各的樣貌和性情；我說啊，大自然是個強烈的個人主義者，為她所創造的一切賦予個性；我們人類並沒有充分領悟這一點。不過，我們給每一座山取個貼切的名稱是好事，就像我們給人取名字一樣；物體就只是存在，而個性也有名稱；這座山叫羅塔（Rota），那座山叫桑霍恩（Sandhorn），諸如此類。山啊船啊狗啊，以及海灣，都有適合它們的名稱：光這一點，就表示它們有個性。

　　那裡有座岩島，叫做蘭訥古德（Landegode），就在博多市鎮的後方；這座島外型對稱，看起來像人造的飾物，搞不好真是人造的；反正都沒差，人們來到這裡，指出它的外形特色，堅稱可以看到它後方的羅孚敦群島輪廓。可憐

Bodø (Landegode)

的蘭訥古德，在金色天空和珠光金的海水映襯下，湛藍的如此美麗，卻顯得不夠莊重。堂堂一座山不該如此俊美；噯，有那麼點沒有男子氣概。

「啊，」大副說，「去年有艘船就是在這裡沉下去的。」

羅孚敦群島

姑且不去細究了：我們不用 *Lofots* 一字，而是用 *Lofoten*，儘管它是一大群島嶼，而且還沒把豪邁闊氣地撒在海上的那些小島、礁石、沙洲和單顆巨礫算進來；你知道，在挪威，形形色色的島嶼有十五萬之譜，它們必定在某方面引人注目。

早晨從客艙舷窗瞥見羅孚敦群島的第一眼，教人驚豔，首先，數量多得詭異的巨礫形成了最萬化千變的樣態；它們徹底裸露，散布在蛋白石般的海面上色澤金褐，只不過在它們胳肢窩的地方竄出了一叢叢韌草；有碎浪打磨出來渾圓討喜的巨礫，有暴風雨蝕刻出來的石塔，一堆堆岩石、一群群岩棚或一顆顆孤石；到

IV —— Norway
挪威

處有小燈塔，或單一小塔，到處有架高的長竿，可能是晾乾鱈魚用的；原來這就是羅孚敦。然後你上到甲板，看到了更多的羅孚敦風光，接著你看見在這一四巨礫織錦上方，群山簇立，聳入雲霄。

群山矗立：你很難用其他字眼表達；在這裡，你看到世界在花崗岩中綻放，在它開出稠李花和紫丁香之前。「上帝說：天空下面的水要聚在一處，使乾地露出來。果然如此。上帝稱乾地為陸地、稱水匯聚的地方為海洋。上帝看了，感到滿意。」事實上很滿意，不，是太棒了；然而在羅孚敦群島，乾地不只一處，而是在大量的地方，上帝把它們取名為莫斯克內斯島（Moskenesøy）、弗拉

克斯塔德島（Flakstadøy）、韋斯特沃格於（Vest-vegøy）等等，祂賦予它們神力；在那些乾地上，巨礫和岩石開始繁生，世上別處都看不到的；於是山岳拔地而起，就像林中樹木；由於花崗岩充足，所以峰巒疊起，像波濤跌宕——山巖確實從海中升起：其形貌有些像白蠟樹、橡樹和榆樹濃密，其他的像雲杉、樺木或白楊木高峭；就這樣造了一個群峰爭秀的園地，這就是人稱羅孚敦的地方；並且感到滿意。你說，還不都是裸岩；但它給你更深的印象是，某個東西豐沛充盈，多到滿溢；賣弄，凡是徹頭徹尾的創造都會造得過剩，沒有大量的奇思異想，怎造得出山來。所以你必須大老遠到羅孚敦來看看每一種素

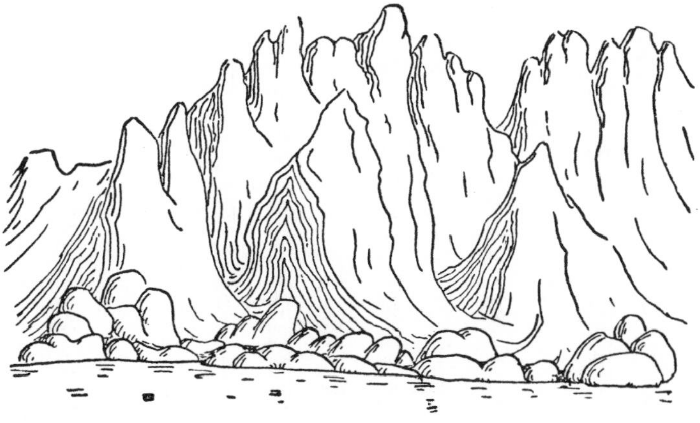

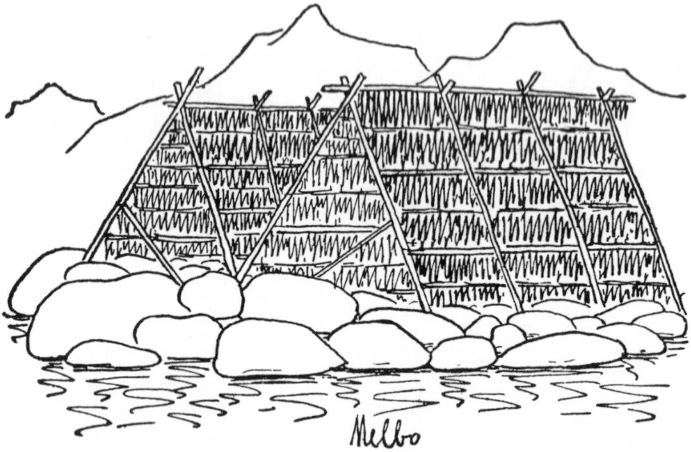

材要怎麼用，即使那素材像花崗岩、片麻岩、黑雲母片麻岩和原生片岩這般千鈞重。

至於人們，想必無法靠岩石維生，所以他們靠水匯聚的地方，在上帝稱為海洋的地方討生活；他們捕撈比目魚、鮭魚、海鱒魚，以及最主要的鱈魚。不論這樣的地方被稱為博爾斯塔（Balstad）、萊克尼斯（Leknes）、斯塔姆松（Stamsund）、亨寧斯韋爾（Henningsvar）或卡博爾沃格（Kabelvag），每一處都有個以木樁打基的木造海港，好讓我們那臺急切地隆隆響的起重機卸下南方來的貨物，譬如甘藍菜、麵

IV —— Norway

挪威

粉、水泥和紅磚；反過來，我們把一箱箱、一桶桶、一盒盒鱈魚，或數百捆的鱈魚乾裝上船；這些鱈魚乾僅用很像乾柴的繩線綁起來，看似一捆捆扭曲裂開的乾樹皮；但從它們飄出的刺鼻味道，你知道那是可以吃的東西。海港邊有十二間木屋，其中有九間是咖啡屋，挪威文叫做 *kafistova*，一間郵局，兩間店舖，店內販賣各式各樣的罐頭、甜食和菸草，還有一間是當地報社辦公室。其餘的（除了電話亭和岩石之外），不外乎吊在長竿架上的鱈魚，飄出黏稠的腐臭味，在北方的微風中輕柔地窸窸窣窣響。我很想多了解羅孚敦漁民的生活，但每年這個時節，他們只能風乾春天捕撈的鱈魚；我跟你說，那是很辛苦又英勇的生活。

有一些地方，譬如梅爾比（Melbo）（不過那已經是在西奧倫群島），用來風乾鱈魚的竿架，是鎮上最高的建物；十足徹底的鱈魚大教堂，那裡沒有管風琴，反倒有數不清的蒼蠅嗡嗡響，還有風乾鱈魚的氣味，彷彿北方的焚香飄向空中；周遭散落著無數乾裂的鱈魚頭骨，帶著挑釁對你齜牙咧嘴。那裡（也就是梅爾比）有座橋橫跨碧綠海灣；那海灣也形同當地的垃圾場，長時間旅居的人朝水裡吐痰，他會看見海灣水底有舊罐頭、死貓、海星、海草、瓦壺碎片、鐵環和腐敗物，

IV —— Norway
挪威

無不呈現青綠和銀白色，潰不成形，在一潭清澈綠水裡奇幻地發出磷光。還有一隻鮟鱇魚扭著身子懶懶躺在海底淤泥，一旁立著一罐啤酒，尚未開封；說不定是某個潛水夫或海神崔坦擺在那裡的。

船在羅孚敦卸下麵粉時，旅人不妨下船到海岸邊走走，也許徒步從卡博爾沃格走到斯沃爾韋爾；在伸向海上的裸岩岬後方，一座翠綠的高山村映入眼簾，牧草如茵，還有茂密的山楊和赤楊；每幢小木屋周圍都有個小花園，園裡附子花和飛燕草盛開，狂肆地爭豔，每扇小窗擺著緋紅天竺葵和花朵碩大的暗紅秋海棠——越過北極圈後竟是繁花似錦！他會發現一個靜謐的海灣，然後把自己浸泡在海水裡，在北緯六十八度曬太陽，海水湛藍，他會說，在這游泳真棒；當地居民會把小屋出借給他，這位冷得牙齒直打顫的旅人，會在漁網之間穿衣梳理。他會發現一座溫室，內有薔薇盛開、番茄就要熟成，然後他會從斯沃爾韋爾繼續航行，也許前往布雷特斯內斯（Brettesnes）。那裡有什麼呢？沒什麼，我們把麵粉送到那裡；那地方的居民前來看看我們，當地的美女沿著港灣散步，兩、三個更有企圖心的年輕人會登上船，用專家的眼光視察整艘船；每個地方都有年輕人這樣做，想必是北方人慣常的娛樂消遣。幾乎每到一處都會有一隻毛髮蓬亂的灰狗在港邊等著我們，牠會溜上船，在我

們跟前躺下；當船的汽笛第三次轟鳴，大副會走過來，一把抓住狗狗的頸圈，把牠拖下船。看似每一次都是同一隻蓬毛的狗；我們抵達每個港口之前，已經盼著「咱們的狗」會不會在那裡搖著蓬亂尾巴迎接我們。

那麼，再會了，狗狗，我們再度啟航，這回要走過阿夫特海峽（Raftsundet），這個平靜明媚的海峽，崇山峻嶺環伺，夾在兩條冰河、高塔和絕壁之間，夾在冰磧石稜堡和崩瀉的岩屑之間，在山岳大道上朝聖；往這個方向去，你應是航向在天涯地角（Ultima Thule）[13]的國王城堡，只不過這是航向梅爾比。不管我們要到哪裡都一樣；各個港灣不過是夢境之旅沿途的一個真實小驛站；當穿越阿夫特海峽，你應該哪兒都不去，與船一起消融在蜃影裡。然後，梅爾比和斯托克馬克內斯（Stokmarknes）居民會問，霍肯埃達斯坦號為什麼今天沒來？這個嘛，它還沒到；也許它已經消失在阿夫特海峽的魔法裡，變成了一艘幻魅之船；在天涯地角這種事有時會發生。

在陸地上，一到正午時分世界總顯得扁平、清醒又乏味，大概是因為太陽高掛，投下的影子總是短的；這從沒讓物體變得虛幻。但是在北方這裡不一樣；這裡太陽總是低懸在地平線上，物體的投影又長又多變，就像我們在白日將盡會看到的；就像傍晚的魔幻時刻來臨之際，光線轉為金澄，影子拉長，實物隱退得愈來愈遠，輪廓顯得更精細，也比正午時分白熱灌頂之際更浮凸有致；然後你清晰地看見地貌上每個珍貴的特徵，但因為相隔一段距離而顯得壯美迷人。北方白晝具有偷天換日的本領；如果我有得選，我會說，請賜我北方的光。

霍肯埃達斯坦號突然轉彎，筆直朝岩壁駛去；眼看著就要撞壁，忽然出現一道狹縫，船駛入了峭壁之間，浮在靜謐不動、鏡面似的水域；這是山精出沒的海灣，或叫做精靈峽灣（Trollfjord），這名字取得好。引述一位專家的話，精靈峽灣「*en viden kjent fjord, trang med veldige tinder på begge sider*」：*begge sider*意思很可能是兩岸，*veldige tinder*也許是岩壁之類的；其實兩側都是千仞削壁，但這不是它奇詭之處：更駭人的是，你分不清上下——一個令人啞然心驚、深不可測的蜃影。船也怪異地輕輕滑行，彷彿它也戒慎恐懼；它漂浮在絕壁之間的一線天，而那絕壁有如斷

13 譯註：天涯地角，又譯終極遠境，在古典世界和中世紀歐洲文學中一個神話的北方淨土，指世界最北的未知之境。

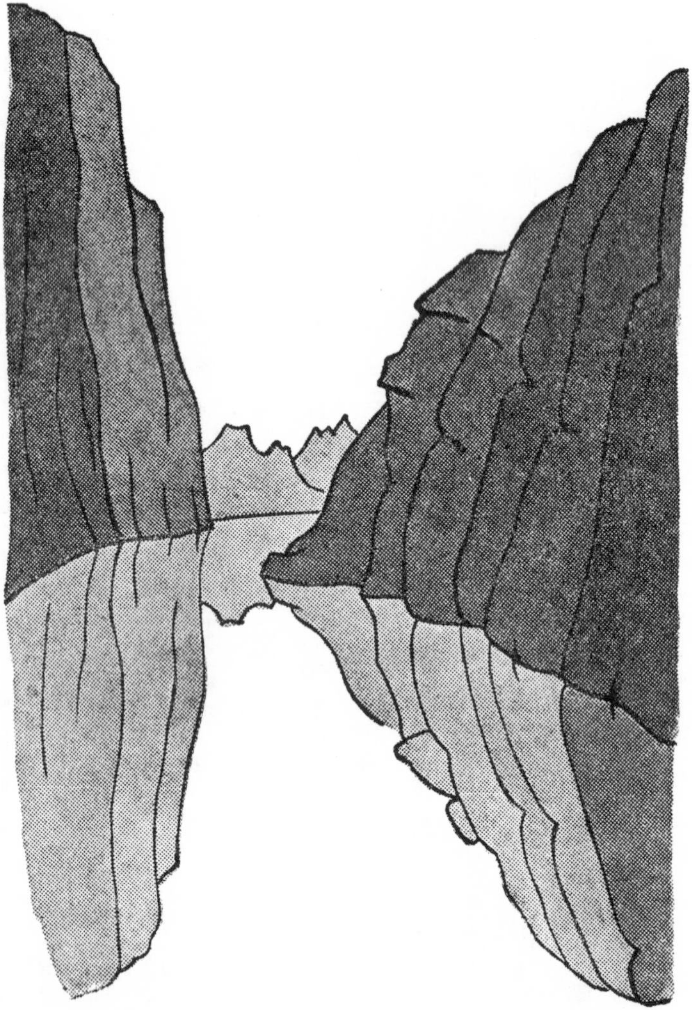

崖同時往上和下陷落；在上方，峽灣碧空開敞高闊。我不知道，也許在彼世，天地就像這樣：在那裡，物體很可能也泅泳在無限虛幻裡，在那裡，人肯定會不寒而慄。

• • •

所以你可不要有怨言，我將把整個西奧倫群島併入羅孚敦群島來談；它也是群島，但沒能讓自己獨立；譬如說，欣島（Hinnøy）有一半被認為屬於羅孚敦，另一半屬於西奧倫群島，奧斯特法島（Austvågøy）也是。如果我站在他們的立場，我會說他們屬於羅孚敦，但我不想插手他們的家務事。

西奧倫群島這地方鱈魚乾很多，雲也很多；我們抵達時，雲氣正在醞釀。這種時候，會有一縷霧氣從山坑處升起，它迅速爬升，在山頂被攔截；在那裡，它一度像旗幡飄動，抖一抖，慢慢開展；隨後與自身分離，啟程，然後在鋼灰色海面灑一小撮雨。在我們國家，這種時候氣象臺預報會說，一道低氣壓即將來臨。在其他時候，又有一小朵白雲飄浮在天空，然後在山峰被逮住，走不開；它想逃

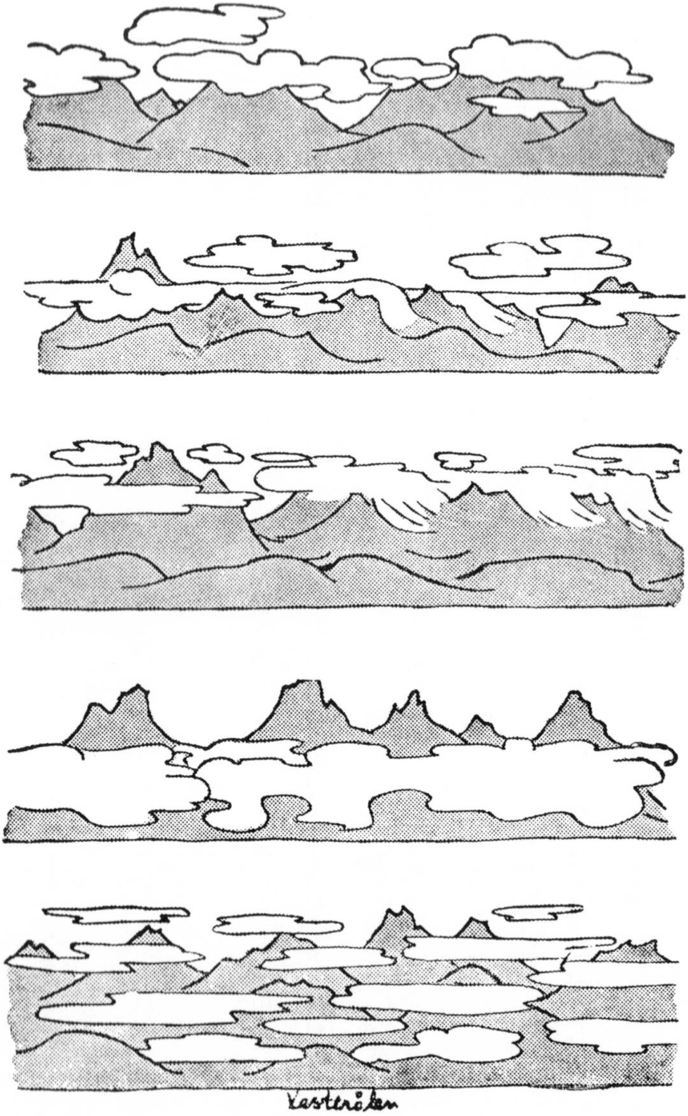

脫，使勁掙扎，說不定流下眼淚，或之類的；漸漸地它萎靡洩氣、緩緩下沉，像厚重的羽絨褥蓋在山巒上，它降下雨來，雨勢稠密，然後疲倦悽慘又絕望地，消散成迷濛的碎片。天地就是如此變化，當你對山巔態勢未多加留意時。只不過這些迷濛的碎片在山腰又恢復元氣，迅速攀升，如此這般；在西奧倫群島、冰島、格陵蘭，其他地方也是如此，雲是這樣形成的。

• • •

在梅爾比，乘客又開始喝酒，譬如那機師，這一回也許是為了解憂澆愁；我想，悲傷背後為的是那位瑞士美人。他只喝酒，一路喝到斯托克馬克內斯（Stokmarknes），之後，離蘇特蘭（Sortland）還有一大段距離，他陷入昏迷；與他同客艙的音樂教授細心替他蓋好被子，一整個晚上看顧他，擔心他是不是還活著。我說一整個晚上，但那裡沒有夜晚；只在約莫午夜時天色變得朦朧詭異，心好似被壓迫著，人們靜了下來，好心情的德國教授眼眶泛淚地說起他母親過世，然後天光又已經是亮晃晃的白晝。那麼要做什麼好呢；上床睡覺吧，真不知為什麼。接著突然間，碰一聲！

「你有沒有聽到砰一聲？」

「唔。」做丈夫的咕噥。

「我們撞到什麼了嗎？」

「沒有。」

「那怎麼會砰一聲？」

「……大概是爆胎吧？」

但船又沒有輪胎；那只是在幾碼外的捕鯨船對鯨魚射出魚叉。沒射中算牠好運。

特羅姆斯（Troms）

「稍微轉舵向左！」在駕駛室的小軍官發號施令。

「稍微轉舵向左！」舵輪手複述，隨後轉舵。

「大幅轉舵向左！」

「大幅轉舵向左！」

「穩定前進！」

「穩定前進！」

從這裡朝左看，就是特隆德內斯教堂（Trondenes Kirke）；這地區最古老的石砌小教堂，至今仍有壁壘保護著。陰沉沉的一天，灰色的海面鑲著一道道白浪花，時而落下冰冷的雨。在下方客艙內的機師在打呼，他已經二十四小時沒醒過，那位胖胖的德國教授緊繃的神經快撐不住了。確實，他一句挪威話也不會說，而從特隆赫姆啟程以來，那

Rolla

機師也沒辦法開口好好說句話，不過人們一旦生活在一起，他們呀，真要命，多少會為對方著想，不是嗎？

「稍微轉舵向右！」軍官說

「稍微轉舵向右！」

「穩定前進！」

「穩定前進！」舵輪手複述，藍色眼珠凝視著乳白色的遠方。

雲逐漸消散，總算是個好天氣。那略帶濕氣、灰濛濛的小港口，就是羅拉港（Rolla），放眼只見霧靄、岩石和鱈魚，還有上方的山巒，始終，始終不外乎山和雲。一等我們卸下為羅拉居民帶來的麵粉，將繼續航行，去看更多的雲。我的老天爺，在迎風面上可真是寒氣砭骨！船長，氣壓計是幾度？

「它在下降。」

「很糟糕，不是嗎？」

「不，這樣很好。我們會有風從西邊吹來。」瞧，在青色薄暮中，在海港燈光照射下，五彩繽紛的水母像大坨大坨的痰浮上來；緋紅和金色交織的海星伸出觸手；大量的小魚蜂擁游向這裡，還有水面上逶迤無盡的瑩瑩光流——沒錯，寒冷徹骨，但換個角度看，你不覺得這裡哀戚壯美？

•••

傾盆大雨劈哩啪啦落下來，將海與山罩上一襲白銀綢紗；濕漉漉的船板在陽光照射下水氣蒸騰，一彎彩虹掛在山和海之間，閃閃發光的毛毛雨灑落，溫和亮麗的一天。大副帶我們到特羅姆斯內地看一看，這裡是他的故鄉。「是啊，特羅姆斯，」這位高頭大馬的年輕人低喃。「你們等一下要告訴我，這裡是不是跟你們南方一樣漂亮。」他驅車載你們入山，越過樺樹濃密的長長山谷，越過森林谷地，越過山壑中洪濤轟鳴的激流，越過山谷裡草皮覆頂的木屋；樺樹林中的小湖裡盡是藍鱒；小溪沒入岩隙之下，遠古山崩落石間古木叢生，褐色泥煤土披覆著蔓越莓、烏嘴莓、蕨類、沼澤草和勁柳——大副說得沒錯。一座暗色湖泊落在谷底，銀碧色河水漫淌梯疊的褐色巨礫層層傾洩，飛瀑猶如一匹白練掛在陡巖之間，大副說得沒錯。

IV —— Norway
挪威

在褐色圓形屋舍後方，全都是草皮：我們遇見的頭一批拉普蘭人；他們其實就住在這裡，但生活清苦；孩童眾多，個個駝背又害羞，像睡鼠。屋舍是用竿子搭起骨架，罩上草皮屋頂，再用石頭和梁柱加固支撐；屋頂上插了根錫管，就這樣；至少有一打人住在裡面。他們靠什麼維生，我不知道，但他們不行乞也不偷竊，很多人長得俊俏，有著藍眼珠，從他們的眼睛和顴骨來看，他們畢竟是另一世界的人。

大副說得沒錯：北方森林無邊無際，縱使那裡只有多節瘤的矮樺樹，鬼魅似的伸出白色枝椏；縱使只偶爾看見樹結多的松木；縱使只有矮赤楊和矮柳叢林；縱使只有樹墩和殘枝，而它原本是一座森林，直到人類、山崩或某個災難出現。它其實更像苔原；土壤稀少到甚至沒辦法把電線桿豎立在地上，必須靠石墩支撐才行。好幾里的一路上（我當然用海里來算），杳無人跡，只見破敗的拉普蘭小屋；然而在苔原邊緣，有棵樺樹上掛著信箱；如果我知道誰會來這裡收信，我會寄耶誕賀卡給他，也會把各個國家和城市的明信片寄到北方森林裡這個孤零零的信箱。因為在深山裡，他們沒有魚可以拿來風乾，至少可以把泥煤放在木架上晾乾；我把這一切畫下來，大家會看到，大副說得沒錯，特羅姆斯是世上最美的地方。我也畫了挪威的無角牛在樺樹林裡刺蓬蓬的草皮上吃草，但我不知道該怎麼畫巴杜佛斯（Bardufos）；它太大了，我也不知道怎麼畫會讓觀看的人一時沖昏了頭，動心起念想縱身一躍的那種水花飛濺淙淙嘩嘩的瀑布。我倒是畫了莫爾塞爾夫山谷（Målselv），和宛如湖泊的一大片河流，渡輪載我們橫渡其上；山上的雪泛著淡紅，山巒被抹成華麗的金色，莫爾塞爾夫山谷裡奧藍、蒼翠與金芒交相輝映——我會說，大副說得對；*ja*（是啊），*en herlig tur*（很棒的旅程）。

IV —— Norway

挪威

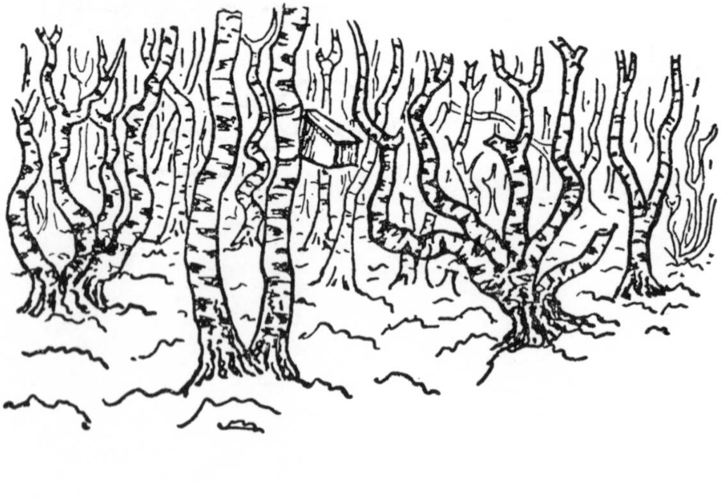

IV —— Norway

挪威

此外，我也畫了巴杜佛斯和莫爾塞爾夫山谷的挪威小屋，就像你看到的，有些房屋用小木樁架高，有些靠蠻石牆（Cyclopian wall）支撐，想必是為了遮擋雪和水；房屋用褐木板搭造，木材的鋪排橫豎相間，這讓挪威住屋很有特色；有刻花的好看窗櫺，窗前種滿了花，屋頂換成長了苔蘚、青草、柳蘭等草木蓬亂的頂蓋，有時也長出樺木和冷杉。確實，大副說得沒錯。

「是啊，」大塊頭的年輕人說。「不過，等你看到特龍瑟再說不遲。」大副的老婆住在特龍瑟。[14]

IV —— Norway
挪威

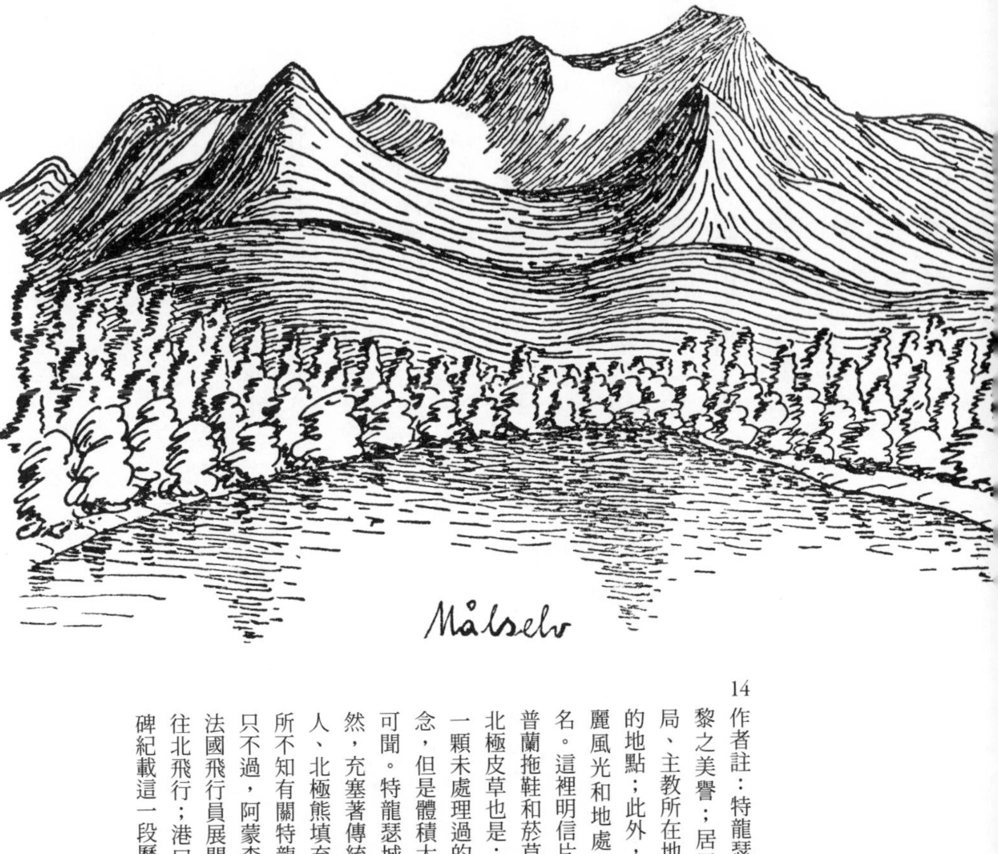

14 作者註：特龍瑟，有北方的巴黎之美譽；居民十萬，公賣局、主教所在地，也是賞海豹的地點；此外，以博物館、美麗風光和地處北緯七十度聞名。這裡明信片、巧克力、拉普蘭拖鞋和菸草的買賣熱絡，北極皮草也是；我本來想帶回一顆未處理過的海象頭顱做紀念，但是體積太大，而且臭不可聞。特龍瑟城的街道活力盎然，充塞著傳統服飾的拉普蘭人、北極熊填充玩具，以及我所不知有關特龍瑟的一切——只不過，阿蒙森就是從這裡和法國飛行員展開他最後一趟的往北飛行；港口旁有個小紀念碑紀載這一段歷史。

海峽與峽灣

我知道，要把山水形諸文字很難；你可以用文字描寫愛情，或描寫花田，但要描述山巖可不容易；比如說，如何用文字形容一座山的形廓？我知道你可以說山姿秀麗、奇峰崢嶸、山勢磅礴，但這不是我所指的；光靠文字，你沒辦法好似用拇指拂過山的波峰，或用拇指和食指捏一捏山的尖頂那般，欣喜地去感受它的鋒稜、裂隙和光潤；透過文字也無法好似張開手心那般去觸摸山脈的縱橫交錯，其瘦削的骨

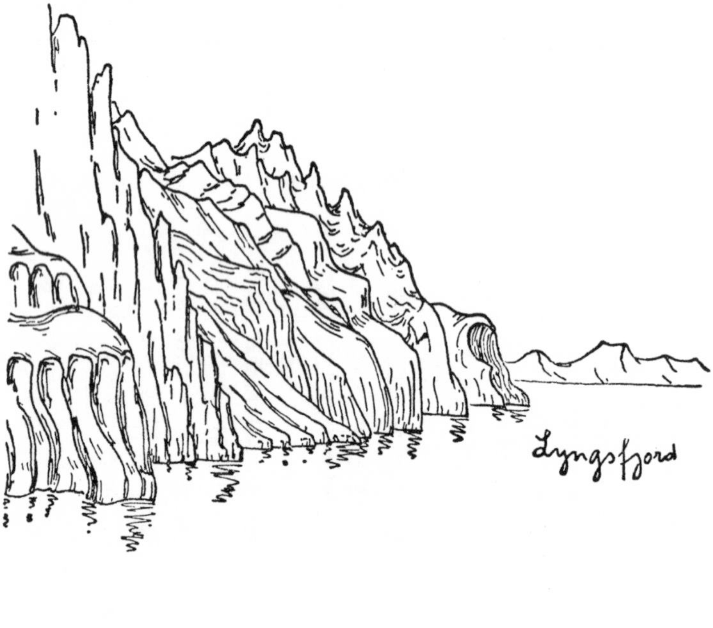

IV —— Norway
挪威

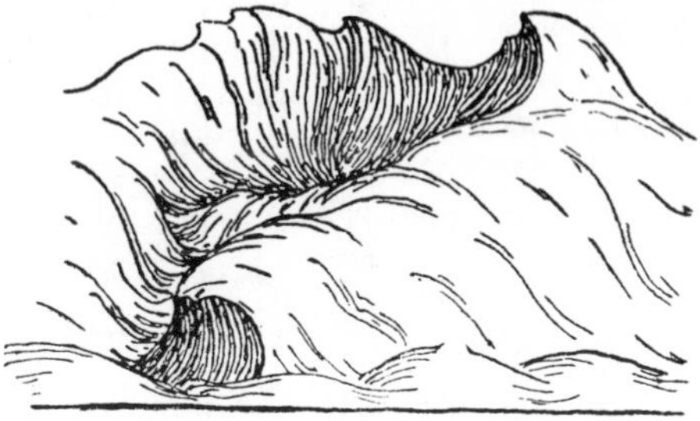

Lyngsfjord

架、強壯的胳膊和結實的關節，起伏有致的頸項、腰臀、肩膀與軀體、膝和腿、關節和肌肉；老天，多麼精確的解剖，多麼美麗！像渾身是勁的猛獸！我跟你說，這些都是用眼睛看得見和感受得到的，眼睛是絕妙的工具，大腦最精細的部分，比指尖還要靈敏，比刀尖更銳利；人用眼睛可以達成很多事，但文字呢，我會說，真沒用呢；我將不再贅述我眼中所見的一切。

我的意思是，我要用凍僵的手指試著把我眼睛看到的畫出來；無風很好，颳風也罷，我要畫出一座又一座山：這座塊頭碩大，堆疊出運動員般的肩膀、腹股溝與臀腿，像在歇息的獸；那座美得像沙丘，彷彿有人用鏟子堆沙，又無緣無故扔下它，任它頹坍；或那座看起來像法老寶座，有冰磧層做的扶手，另有冰河宛如火山口；那座像一口一口被啃咬的麵包，這座渾身帶刺遍布著針尖片岩，此外，我還知道什麼呢；但願我是地質學家，就會知道它的成因！鼻子凍僵，我只好捧著素描本在迎風面抽鼻子、在背風處搓揉冰凍的手，但每一座山都逃不過我的眼睛；可是你再怎麼畫，總少了些什麼；我會說，風和色澤是畫不出來的，必得用文字之類的來描述；陰影也屬這一類，像玉髓清透，像金屬光滑，像布疋被

IV —— Norway

挪威

Tromsøyfjord

抖開；還有那金澄澄斜射的光、珠光清澈絲綢般的海、叫人鬱結又震耳欲聾的風；還有海觸及陸地之處，那一道細細的銀線像水銀閃閃發亮；至於大海，不論用筆墨或文字，表達得也都有限。

沒錯，浩瀚的海洋無可名狀；它有靛藍得可怖的時候，也有鋼灰或乳白的時候，每每流光粼粼；鑲著雪白浪頭的大潮，或尖尖的小細浪，又或波濤洶湧的長長捲浪；但我會說，這些都比不上挪威海峽的水域。這裡水波蕩漾銀光閃爍像山湖；你繞過島嶼沙洲，海水轉呈鉛灰，帶著白浪頭的長捲浪，開始輪番把船交到彼此手上。那裡有一道浪在地平線上，來勢洶洶；它朝著船筆直席捲而來，此刻集中所有力道，轟隆隆向我們猛撲；但它失算，我們劃破了浪，幾乎文風不動；可是另一道浪已經撲向我們，它沒入船底下，此時正把我們扛在它肩上；你沒感覺到它撐住我們？哈，它可不只這一招！所以，這會兒我們下沉而船尾上升；它會升多高？它停住了，等了片刻；然後劈哩啪啦嘶嘶作響，霍肯號卻始終輕輕地左右搖擺，只是從船頭到船尾，都有海水潑到船上；旅人緊緊抓住欄杆，他很想大聲歡呼；真過癮，老兄！看哪，看哪，更棒的一道浪要來了；它的爪子是白的，弓起背好似要猛撲；它忽然消失在船底下。喔，不，它沒有消失，它已經逮住我們；船頭陡然下滑，接下來會如何？沒事，整艘船輕輕滑動平穩下降，它渾身關節無不愉快地咯吱咯吱響。眼下，我們又來到一座島的背風處；只剩碎浪不客氣的砰砰拍打船側；一道閃閃發亮的銀線橫跨海峽；但出乎意料，我們順著水波柔媚蕩漾的長湖航行；湖上成千上萬個小巧的閃耀琢面，映照出藍金色山巖覆著白雪皚皚。接著海峽收窄，岩壁之間僅剩一條狹仄通道；這裡的水域平靜得如虛似幻，色澤黛綠，凝滑如脂，靜謐得像夢境；你甚至屏住呼吸，深怕攪亂了水中山岳的無瑕

IV —— Norway
挪威

倒影；唯有在船後方，船龍骨劃出的水紋，宛若孔雀開屏漾開。山巒遂而往兩側移開，一大張亮面紙填滿了天空，像絲綢起縐，反倒更閃亮，珠光粼粼，而且軟滑如脂；轉瞬間那紫墨映金的連綿山脈復又倒映其上！老天，我要拿它怎麼辦好！這樣描述還是不到位；海峽尚且如此，峽灣又是另一番氣象，我要怎麼說好呢；總之，它不屬於這個世界，不可能把它畫出來、描寫下來，或用小提琴彈奏出來；天哪，我作罷；別以為我能描述非屬這世界的事物！簡單地說，上有千巖聳秀，下有一方靜水，萬物倒映其中；

就是這樣。山巖終年積雪，有飛瀑如絹；海水清澈似碧玉，安靜得像死亡，或像永恆，又酷似銀河；這些山頗不真實，它們不是矗立在岸邊，而是立於深不見底的蜃境；我不是跟你說過，這全是幻影！有時候，當真實世界的日暮時分降臨，霧氣像一面薄紗自水面升起，上方的連綿峰巒彷彿由太空迷離星雲托起；所以你瞧，我不就說這是另一個世界？這也不是霍肯埃達斯坦號，而是一艘幽魅之船，在靜闃的浩瀚無垠中無聲滑行；眼下是子時，在人類地球被稱為午夜，只不過在這個世界裡沒有夜晚，也沒有時間。我看見午夜彩虹掛在此岸和彼岸之間；霜凍的黎明來臨之

前，溫柔的金色夕照倒映在海上；我看見晚霞與晨曦消融於海上的震顫光芒，銀白的耀芒冠逗弄閃閃發光的海面；鳳尾鏍形成的亮光帶在海上詭異地閃爍著，而現在是白晝。晚安，晚安，已經是白天，已經是子時；群山蒙上了一層發光的薄紗，向北敞開的海峽閃著亮晃晃的白光，大海冰冷地汩汩流動，在甲板上的最後一個瑟縮發抖的旅人開始讀起另一本書。

港灣和登陸點

果真，我差點忘了港灣；但在這裡不再有港灣，除了靈塞德（Lyngseidet）和謝德

Lyngsfjord

Lyngseidet

沃伊（Skjervoy），還有那個地方，叫什麼來著，有很多野生飛燕草、柳蘭、高山蒿苣和野蕁麻花長得茂盛的地方；但現在都無所謂了，在靈塞德，一座白色木造小教堂佇立在被攤開來晾乾的漁網之間，還有大量的載客兩輪車，在稍遠處的翠綠山谷裡，有個流浪的拉普蘭人的真正聚居地；其實，他們是隨著旅遊旺季的開始抵達這裡，以半野性的原始方式生活在那裡，擠馴鹿奶，表

演魔術，向遊客兜售用馴鹿角雕刻的大摺刀、拉普蘭套鞋、刺繡和北極狗。就我所知，拉普蘭人穿別致的傳統服飾（緊身長褲、鷹嘴狀拖鞋、束腰帶大衣、帽子上有紅羽飾），主要在那維克、特龍瑟或亨墨菲斯一帶，靠著販賣木雕湯匙、皮草和馴鹿角給外國人討生活；他們住在帳篷裡，供遊客拍照。反過來說，他們個頭小、體格瘦弱且退化；但他們擁有非常原始的驚人耳力。

「恰佩克，」有人用捷克語稱呼我，「過來看看這個小孩！」

「恰佩克，過來看看這個小孩！」另一個露齒笑的婦人清楚無誤地重複。

「恰佩克，」一個乾癟的老人含糊地說，「過來看看這個小孩！恰佩克！恰佩克！」

「恰佩克。」整個營區高喊。

「卡雷爾，你聽到他們說什麼嗎？」有人用捷克話跟我說。

「卡雷爾，你聽到他們說什麼嗎？」整個營區充滿活力地重複。

「恰佩克，過來看看這個小孩！」

「恰佩克！恰佩克！」

「一群無賴。」我大聲說。

那位拉普蘭老婦人嚴肅地點點頭。「一群無賴，」她說，「卡雷爾，你聽到他們說什麼嗎？恰佩克，過來看看這個小孩！」

（於是，我把那小孩畫了出來。可惜他是非賣品。）

• • •

對了，回頭來談那些港灣：它們都很相像，只是大小有別。在某些地方它就只是一座木造棚屋，除了一、兩間漁屋，屋子跟架高屋子的石塊一樣灰褐，除此之外什麼也沒有；在港灣及鼓膨的倉庫周圍，一個完整的小村鎮向外延伸，一間飯店，九間咖啡屋，兩、三家商舖販賣各種雜貨，一家報社，有時還有一座教堂。白天那

IV —— Norway
挪威

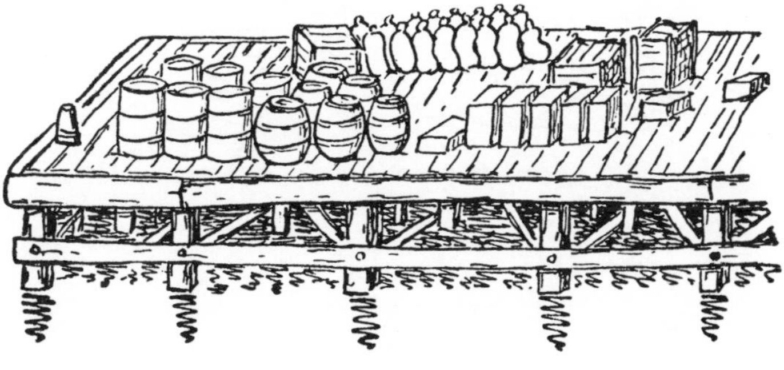

IV —— Norway

挪威

裡百無聊賴，單調，乾淨，但像被遺棄似的；在子時或半夜一、兩點下錨時（我的意思是，當船被繩子拴在港邊），它有種很奇特又感傷的魅力；所有店舖都打烊，但孩子們在港邊玩耍，年輕男女在大街漫步，一群在地仕紳匆忙趕到碼頭找船長或大副閒聊，談世界局勢和其他新聞；想必在那明亮的夜晚、在那虛幻的午夜天光，他們一點也不想睡覺。然後你慢慢認識到，一到冬天，長達數週或數月的永夜降臨那許多乾淨小屋；眼下他們正在享受無窮的北方白晝，他們可不會厭倦；這也就是他們遊手好閒的把握住每個機會，盡量拉長光榮的守夜永不饜足的原因；至於戀人們，也許他們會在近身的雲霧後方幽會，因為這裡沒有樹叢，也沒有薄暮。有了深刻理解的旅人凝視這個打死不睡覺的可敬小鎮，而且有個念頭溫暖了他的心，那就是他在這裡幫忙運送甘藍菜、醃牛肉，傳遞討喜的興奮。

IV —— Norway
挪威

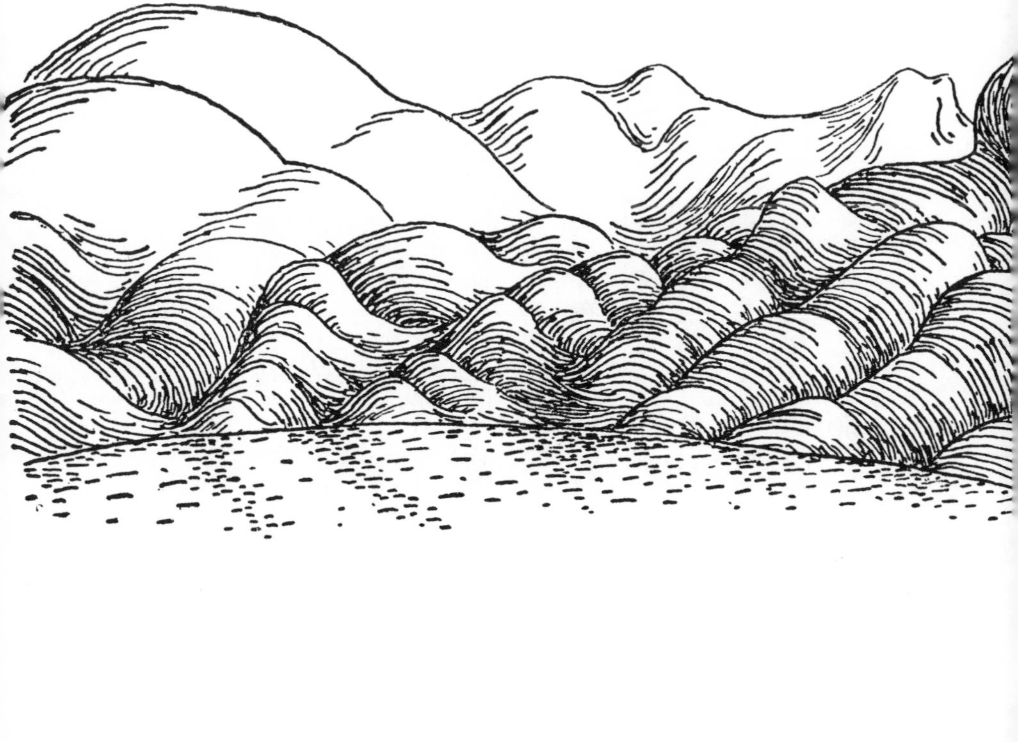

當我們談到港灣，可不能忘記燈塔、浮標和各式各樣把我們的航線標示得簡直像通衢大道的航行信號。在那晴朗的夜晚，它們無法閃爍紅光白光；但上帝賜福，在冬夜裡它們會照亮船隻和人們。上帝賜福你，偏僻的角塔，哈囉，漁屋，你好，往北角途中超過我們的巡航汽輪；我們不能跟你比快，因為我們載了貨物要分發給人們；但我們會打招呼，這是海上的慣例。順帶一提，我們昨夜在寬敞的海峽下錨，因為有個划船的人向我們揮手；我們把一位女士接上船，她什麼都沒帶，只拎著一盆天竺葵；我們就是這樣的一艘船，先生。不是光鮮亮麗的汽輪，而是載人和甘藍菜、麵粉及我的讚美的小船，提醒一下，你穿晚禮服可不要著涼才好。

•••

趁著我還記得，那位機師還沒睜開眼睛，已經持續三天三夜了；最後他沒再呼哧呼哧作響，臉色慢慢變青，並抖動下巴。

胖胖的德國教授急忙通知船長；他以為那機師只剩一口氣。

「不會啦，」船長篤定的說，「我認識他。」

德國教授這位好好先生，召集了從卑爾根到亨墨菲斯之間碰巧搭乘霍肯號北上的三名挪威醫生。這傑出的醫療團隊親自為機師看診，然後提出病情報告：心臟不好，肝臟毀了，腎臟也掛了；但是他還可以活上幾年。大家聽了很高興，為此灌下很多威士忌、琴酒和阿夸維特酒；但大家都沒事，到了早上機師已經能夠來到甲板上，神智清醒但感到很窘；他感覺到大家的同情。

•••

還有一個海灣，名叫阿爾塔峽灣（Altafjord或Altenfjord）；非常美，像珠玉似的；

其中最叫我注意到的，是那裡的山如何生成：純粹就是一直冒出來。這樣的山像生了一窩小豬小牛似的，並且伸長了手臂，結果限縮於好幾處，自成一座座小丘；絲狀藻和單細胞藻類就是這樣生長的。

他們從那裡驅車沿著阿爾泰夫（Altaelv）河往上，把我們帶到芬馬克的高原；他們載我們穿越恬靜農場錯落有致的翠綠山谷，越過林中深潭，經過瀑布，掠過泥煤湖和小池塘；接著舉目只見矮樺、岩石和沼柳；地勢依舊有點高，但那裡已經是挪威的屋脊；光禿禿的平原一望無際，偌大的花崗岩冰原略為起伏，有少許裂溝，放眼望去盡是小漂礫或小岩階，盡是小沼澤，全都是沼澤地；除了每隔幾碼就有個石堆立著十字架，那是下雪天為人們指路用的。一片死寂，陰森，慘淡；那都是白地衣使然；蕾絲般精美，又像發霉般蒼白；此外，這裡長出了帶有白毛絮的羊鬍子草、燈心草和韌沙草；岩高蘭和沼地桑樹；拉普蘭懸鉤子結出又大又澀的紅莓；樺樹僅有一指高，遍地蔓生；腳底下到處都是，當心，它就攀附在風化的石頭上。它要再往哪去呢？噯，事實上，無處可去，就某方面來說，這裡已經是世界盡頭；越過這裡就沒有路了，越過這裡什麼都沒有，只剩地圖上的幾個拉普蘭地名；有沒有人能在那裡生活，我不知道；因為那裡太淒涼。而且蚊子太多。

我們驅車往下穿越光輝的夜晚，穿越矮樺林，穿越北方森林，越過激流轟鳴的河谷。我看到——叉狀乾枝椏橫臥在地；結果是脫落的馴鹿角。

Finnmarken

北緯七十度四十分十一秒

眼下北方已真正展開；荒涼，朋友們，極其荒涼，只見冰海和裸岩；在這裡連山都長不高，山頂像被削去似的；只有花崗岩冰原，陡峭地向海傾斜，頂部是光禿禿略帶綠色的平臺，只長了某種淡綠色的霉之類的，此外什麼也沒有；可是大副跟我們保證，會看到海鯨。只見海鷗愈來愈多；牠們繞著船盤旋，踩踏浪峰尖叫著；牠們是整個北方唯一的乞食者。

所以你看，你看；美與風情終於計窮了；如此輕易就能洞悉這世界的渾樸壯闊？老天啊，我知道我們只是小小地球；而地球上被叫做歐洲的那個形狀扭來扭去的奇怪半島無足輕重！但我曾坐在阿格里真托（Girgenti）的希臘圓柱凝望星辰、我曾在蒙瑟拉特島（Montserrat）吸入薄荷般沁涼的空氣；現在我帶著流鼻水的凍僵鼻子在瑟勒伊松德（Sørøysund）等待能不能看到鯨魚。我知道這一切無足掛齒，其他人看過上百回了；但我是熱愛歐洲的在地佬；假使我進棺材前不會再看到什麼了，我會說：我見過天地的壯闊。有朝一日，也許我們的地球會衰老，或者我們人類得要關照它，然後把世界搞得一團糟，結果甚至不再有海鷗踏浪尖叫；不過就算我們人類把自己砍得支離破碎，也傷不了天地的壯闊。我知道那沒有物慾；我們活在邪惡年代，我們的心塞滿憂慮；但世界何其大。

• • •

「歐洲最北的城鎮是亨墨菲斯。」我們的學校是這麼

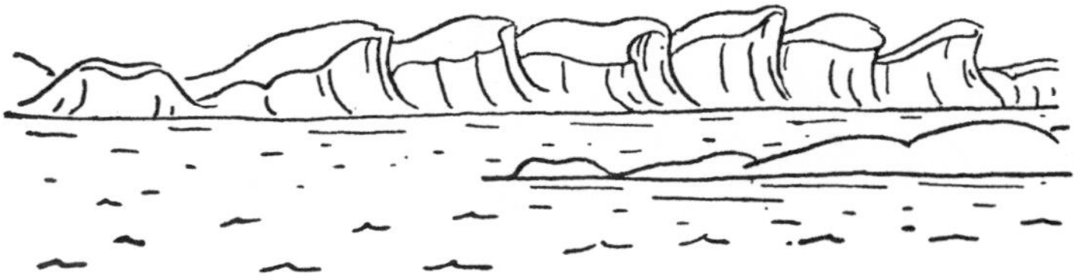

教的，果不其然；但是在亨默菲斯後方是歐洲最北的森林（一小撮矮樺樹），這也不假，而城裡最龐大的建物，甚至是整個挪威從特隆赫姆到北角的最大建物，是當地的精神病院；這讓人不得不去想，當地的生活想必有其陰暗面，譬如永夜。否則亨墨菲斯和特龍瑟或哈爾斯塔（Harstad），或從卑爾根以北的其他城鎮，都差別不大；城裡多半是木造建物，也都非常乾淨，兩、三條有電線桿投影的街道，每棟小屋裡都有舖子販賣菸草、巧克力、瓷器和明信片——在這裡，供應食物的店家賣的清一色是罐頭食品；每一扇窗都擺著仙人掌（尤其是仙人鞭屬和大棱柱屬），媽媽們帶小娃兒外出時會用繩子牽著走，而這般情景大致上就是在此晃蕩的人四處顧盼時會遇見的一切。如果他多走兩步，便出了

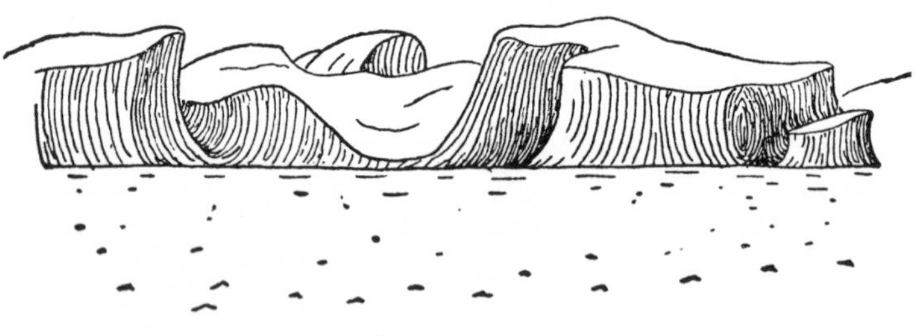

Sørøysund

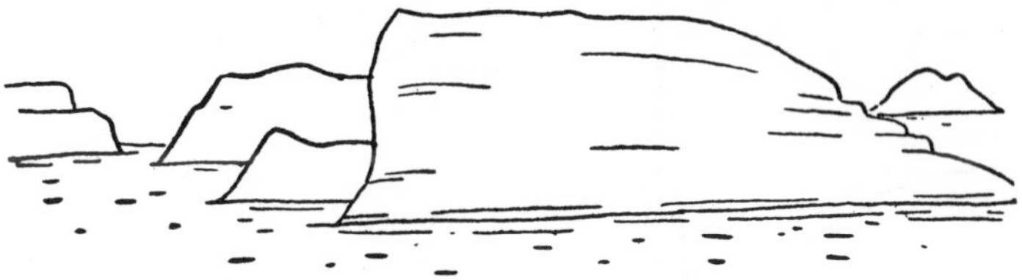

城，周遭除了岩石還是岩石；到處可見山捕蠅草、藍色風鈴草或虎耳草，像鋪了席墊似的，而下方灰濛濛的海在低喃啜泣；接著僅有光禿禿的無人島。這就是歐洲最北的城鎮。在這裡農耕到了盡頭，漁夫尚能維生；當打漁也到了盡頭，店家、出口商、出納員還有立足之地。我跟你說，最北的生活徵兆是商業活動；就算到了北極人類的進步也不會止息，那裡還有一座木棚子販賣明信片、菸草和編織手套；一、兩位出納員同樣可以在那裡維持生計。

• • •

此外，這裡（也就是亨墨菲斯）有個出色的大港灣，純白的極星號（Stella Polaris）錨泊在這裡，還有白星航運（White Star）和皇后郵輪（Cunard Line）所屬的船；一艘法國砲艇，灰撲撲又光禿禿的；斯瓦巴（Svalbard）來的烏黑大

Hammerfest

IV —— Norway

挪威

煤船正在卸下船上的煤、載木材的芬蘭船、船頭架有小砲臺的捕鯨小汽輪、電動漁船、大汽艇、帆船和駁船；說也奇怪，當你在海上航行，你會對在海上相遇的船舶生出一種天涯同路人的情誼，不管遇到的是五萬噸的遠洋郵輪，或是捕撈鯡魚的顛簸駁船；你就是會跟他們揮手，祝他們一路順風。也許這已經變成天生自然的事。這也就是開車的人會向騎單車的人揮手致意，行人會向汽車駕駛揮手致意的緣故；在堅實的陸地上，人們相遇也表示尊重與善意，就像在大海上交會的船。

「很棒的船」，我們習慣用專家口吻說，如果我們遇見極星號或不萊梅號（the Bremen）這類的船，我們卻只會略微客氣和冷淡地跟她打招呼；畢竟你不會非要自己跟這種氣派豪華的船親近不可；我會說，跟它們保持點距離比較好。但是當我們掠過一艘搖擺的駁船，或一艘急切的從一座島嶼向另一座的電動船，我們會伸長手臂揮舞帽子跟它打招呼，熱烈得差點摔下船。一路順風，從羅孚敦來的勇敢小船！哈囉，從厄克斯（Øksfjord）來的小汽船；我們這些小人物必須在每個海洋團結起來。

北角

只是眼下海象凶險；狂風大作，不一會兒就有一道猛浪撲向霍肯號，讓船傾向一側。這令你發笑；你試圖越過甲板並輕快地邁步，甲板自動上升樂得迎合你的腳；待你的腳要落到地板之際，甲板卻倒退，給你一種被愚弄的墜落感，彷彿在黑暗中你看不見臺階踩了個空。但任誰不管什麼原因，就在腳下虛浮之際，又已經踉蹌地踏在不穩定的地表，頓時倍覺舒坦。我想，預防暈船的最佳良藥是一瓶白蘭地；當然你必須在陸地上喝光，然後練習走路；這麼一來你就會有經驗，有天在船上就能派上用場。你會熟練地保持平衡，一面搖搖晃晃，一面尋索腳下的地面；你會頭暈，會緊抓著船長、繩索或欄杆不放，但在你靈魂深處，你感到自負又興奮，你會又唱又叫，而在下方船艙內那些禁酒主義者的靈魂會哀號，並喃喃念著為死亡時刻預備的禱詞。這樣做準沒錯。

原生片岩的海岸裸赤暗沉；它的頂端在冰河期被削得像桌面平坦，繼而崩落入海又黑又陡；這片地域極其古樸，但它自成一格，並且帶有一種近乎悲情的壯闊。始終是石壁一道又一道，光禿禿的高原沒有盡頭，陡峭的峽谷將之截斷，地衣把它染得慘白，低矮植被又添上霉綠。它陰森憂戚；當霍肯號突然間筆直往一面黑岩壁疾駛，你甚至無須驚訝；想必它要自盡，船長敞開黑大衣佇立，雙手插在口袋裡，他只眨了眨眼，一位黝黑的小軍官站在駕駛臺低聲說著「穩定前進、穩定前進」。

「穩定前進。」握著舵柄的人複述，藍眼珠凝望黑岩壁。現在只剩十一碼距離；那岩壁並不難看，只是

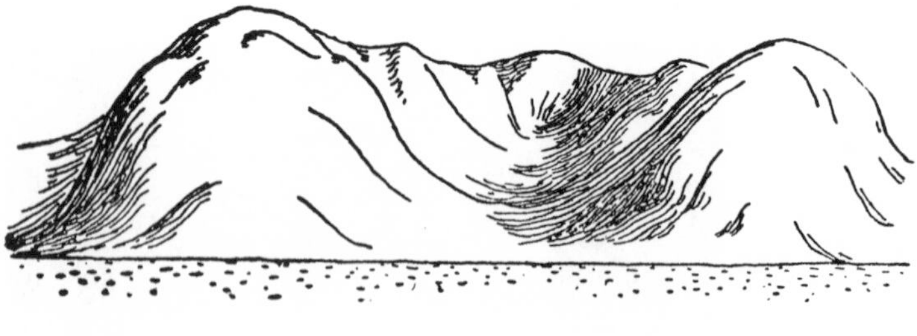

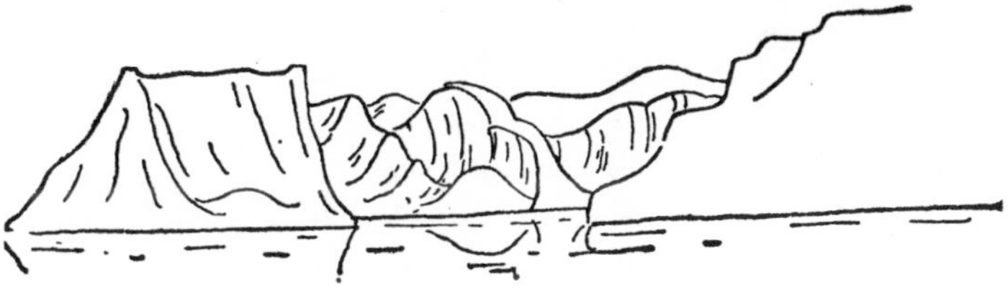

在它前方有幾座很不討喜的黑斷崖，自碎浪突起。那怎麼辦？

「大幅轉舵向左。」黝黑的軍官說。

「大幅轉舵向左。」握著舵柄的人複述，並旋轉舵輪；霍肯埃達斯坦號的汽笛爆出刺耳轟鳴，霎時岩壁颳起一股旋風像白色暴雪；成千上萬隻尖叫的海鷗繞著岩壁兜轉，至此你才注意到仍有無數的海鷗棲在每個岩棚上；牠們看起來很像電信局屋頂上的陶瓷絕緣體。船再度發出鳴響，這一回整個岸邊的白鷗飛起，像雪花繚繞黑岩漫天飛舞。這就是弗格堡（Fugleberg），或鳥山。

「那些可憐的東西在這裡靠什麼過活呢？」有個同情的嗓音在我身旁焦急地問。

「嗯，靠什麼呢；大概是吃魚吧。」

「好可怕，」同情的聲音嘆了口氣。「可憐的魚！」接著依舊是一道又一道岩壁，看起來都一個樣，都同樣赤裸得令人絕望，同樣嚴峻。霍肯埃達斯坦號長鳴一聲，筆直朝向陡直黑岩壁。

「還是弗格堡嗎？」

「不，北角。」

你看，北角。你會說，歐洲有點在此戛然而止，彷彿突然被斬斷；很令人哀傷。的確，它就像一道黑邊。如果你從北方靠近它，你會說：老天，這座悲哀的巨島是什麼？——唔，那是個愁雲慘霧的奇怪地方，他們管它叫歐洲；它也許是人間樂土，但被厄運籠罩，有點黯然失色；所以那道岩壁是個警示。其實它不是歐洲的最北端；歐洲最北端是那邊低矮擴延的斷崖，叫做克尼夫謝洛登角（Knivskjaerodden），意思是一把刀；整體來說，歐洲大陸的最北端在更遠處的諾德金角（Nordkyn），而北角只是馬格爾島（Mageroy）的終點。不過，那都沒差；歐洲選了北角為最北端；她認為倘若它是終點，那麼無論如何它都實至名歸。她總是有點喜歡賣弄；反正她不過是逕自宣稱一個可以說嘴的終點，倒沒有宣稱有個真正的終點。

IV —— Norway
挪威

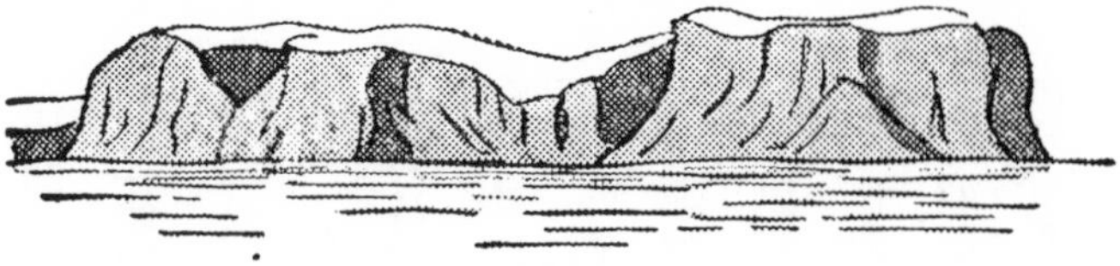

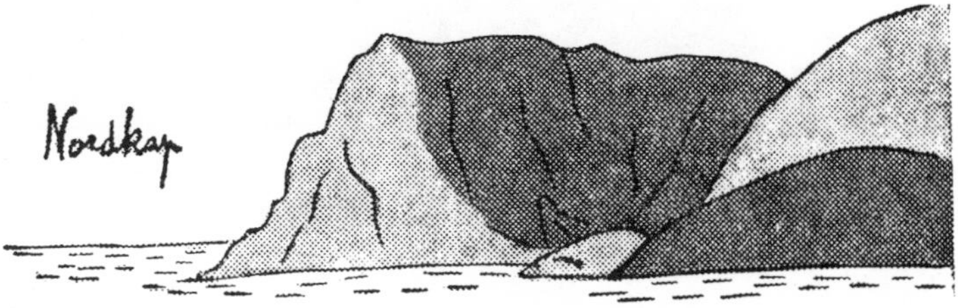

歐洲的終點；確實在那裡，在那白茫茫大海之後還有熊島（Bear Islands），和斯瓦巴（Sval-bard），但人們不那麼認真看待這些地方。沒錯，終點；如此乾脆、突兀，附帶不露聲色的大驚嘆號，我們歐洲大陸來到它的盡頭，連同它整個歷史、連同它與這道岩壁一樣原生和原創的東西。我知道有朝一日，那裡將會掛上巨

大的字樣——殼牌石油、FYFFE[15]，或之類的；但它目前佇立在那，乾淨、壯闊和肅穆，一如太初。喔，不，這不是歐洲的終點；是她的起點。歐洲的終點在底下的人們之中，在他們庸庸碌碌過生活的地方。

霍肯埃達斯坦號緩緩地徐徐地繞過黑岩，在霍恩維克（Hornvik）灣下錨；他們要捕魚，以便在特龍赫姆的罐頭食物之外變換菜色。任誰想試試身手的，可以握住釣竿放長線釣魚，直到釣線突然被扯光，他開始大喊釣到了釣到了；水手會跑過來收線，把一條銀色的魚拉上船，像小豬仔一般大，有鱷魚尖牙的魚；或拉上一尾有斑點的藍色海鱒；或很美的小魚，但不能食用。沒釣到魚的乘客會有點不高興，會說被分配到的位置不好，所以沒有魚上鉤。這次海釣，畢竟就像人生其他一些的情況，女人會做得特別起勁。我知道霍肯埃達斯坦號上有位熱情有勁的女士，看她使出渾身力氣死命拉扯釣線，我忍不住對她說：「可憐的魚！」

於是她停止拉扯好一會兒，任魚竿被扯得更低。「我不過是釣到一尾很嘴饞

15 譯註：愛爾蘭水果公司。

的魚，」她說，「看看那瑞典姑娘釣到的那一尾！」

• • •

風和浪在傍晚停歇了，反倒是雲霧包圍了整個霍恩維克；走過一段曲折迂迴的長路，我們攀上北角。在路的第一個轉彎處，那位機師找了顆石頭坐下來，沒辦法再繼續走下去；他揩拭淡色的雙眸，難為情地露齒笑，就連搭霍肯號的那兩位老婦也依舊在往上爬。你看吧，老兄；二十年來你航行繞過這裡，但都只待在船的機房，正因為如此，你就這麼一次來到這裡想親眼瞧瞧；你的身子想必不會好轉了，想必你也到不了北角。有人可不這麼想，才不過一千英呎高，哪有多困難；上面風暴雲怒，你舉步維艱，但那其實不是雲，而是一片冰塵，這會兒你得在冰霧中摸索，沿著裸岩高原前進，你看不到盡頭，也看不到邊際；大副打包票說，我們一定看得到午夜太陽！然而即便在上面這裡，依舊有微小的仙女木在石墟之間攀生，山區捕蠅草盛開、苔蘚虎耳草蜷縮著；除此之外，只見一綹綹沙草、羊鬍子草、濕冷顫抖的蘚沼、蒼白的地衣，以及裸露的石墟。世界的盡頭。

接著一間木屋在霧中現身，走到屋前——我忍不住往內瞧，果真是舞池，屋內傳出六角風琴的演奏聲；我知道，聽起來有點令人發毛，況且，屋內有一整船的美國人。他們究竟在這裡做什麼？歐洲的終點，這是咱們的事；讓他們去看看美洲的終點，如果這裡有的話；如果沒有，讓他們給自己編一個吧。

雲氣一波波漫湧過來，近看很醜，像濕漉漉、霧濛濛的破布，你看不到五碼之外，你挨著屋舍側邊瑟縮，凍得猛烈顫抖。突然間霧略微散開，在千呎底下，在你腳下，蛋白石般的海面晶光閃閃；在下面那兒，陽光明耀。接著一切又被大量雲霧包圍，令人絕望；唯獨朝北的方向漸漸發出金黃色的光，而且燦亮，破布條似的雲流化為金光，再次消散；怎料突然颳起的一陣強風挾帶冰屑，抽鞭你的臉。好罷，即便這樣也

自有一種美感，旅人說（好讓談話繼續下去）；肅穆，確實，而且生猛，但北方不就是如此？接著西邊的天空露出寒青的一小池碧藍；雲霧散開；剎那間一道強光從雲隙流洩，像巨大的彩虹泡泡擴散；黑幕般的斷崖群在珠光色大海上方聳現——逐一漸漸燃起濃厚的黃銅光輝。就在此時：瞬間，廣袤的天空遠至地平線整個染金，而在北方很低很低的地方，恰恰在海平面之上，像灼燒的鑽頭似的，一顆奇特的火紅太陽戳穿了天空。它小得簡直讓你震驚；可憐的東西，說到底，你不過是一顆星星！那薄炙刃似的太陽劃破海的金色鏡面；唯獨在地平線上，直向北去無限遠處，一道冷白的線閃著熾烈青光。這時旅人可以直視太陽的面貌，無須眨眼；原來你就是太陽，你這紅色小星星。我知道，也許數百萬年後，有天你慢慢縮小變老變冷時，看起來就像這樣；屆時蠅子草依舊會開花，小巧的白色兩耳草依舊會撐起它槌子狀的身姿，不過到時我們人類會如何，我不知道；你認為人類將不會殞落？沒錯，我們只是站在歐洲盡頭；誰會馬上想到世界盡頭？

那大塊頭的大副上前來，舉起他的厚實手掌指向午夜太陽。「我跟你們保證過，你們還以為我在騙人。看吧，這不就是了。」

是的，這就是了；我們看到了午夜太陽，這會兒可以回家了；我們看到了終點與起始，熾灼的鋒刃直指向前，銳利得像天使之劍；天堂的大門，唉，永遠永遠不再敞開。那就這樣吧。天空將被灰金色的破布條遮蔽，風暴將肆虐，世界將被霧靄籠罩，而冰屑將打在凍得瑟瑟發抖的亞當子孫的臉上。孩子，孩子，是時候該回家了。

歸程

我沒法在地圖上指出回程；我不是很精確地知道我們航行的路線和下錨處；等一下，這裡是霍寧斯沃格（Honningsvåg），世上人煙最稀少的地方，然後又來到亨墨菲斯，還有克瓦爾松

（Kvalsund），我們在子時登陸克瓦爾松，連孩童也不睡覺，說不定沒有人睡覺，天光如此煞白、如此淒清；接著來到瓦爾格海峽（Vargsund），海面平滑如脂，然後又來到特龍瑟，不過把我搞混的不是這些；而是天空、大海，和那些沒有日暮或黎明、不斷變化沒有止盡的白晝；在那裡，時間被廢止，就是這樣。在那裡，時間並不流動，而是被打翻了，不著邊岸像大海一樣；時間本身映照著太陽的行進和雲的漫遊，但沒有隨之前進，也沒有流逝；在這裡，僅剩手腕上的表以無謂的熱切和荒唐的滴答響，測量不存在的時間。這裡詭異得令人迷惘，彷彿空間被扭曲，上下也沒有分別；你甚至會慢慢習慣這種狀況，只是在一開始你恍若置身彼世會有點不自在。

斜傾的金色陽光溫柔地滑過山巒圓潤的肩膀和陡峭的額頭；現在也許是清晨兩點，或下午五點，但都沒有差別，朋友們，事實上也無所謂；你要不就寢、要不沒有，當你就這麼一

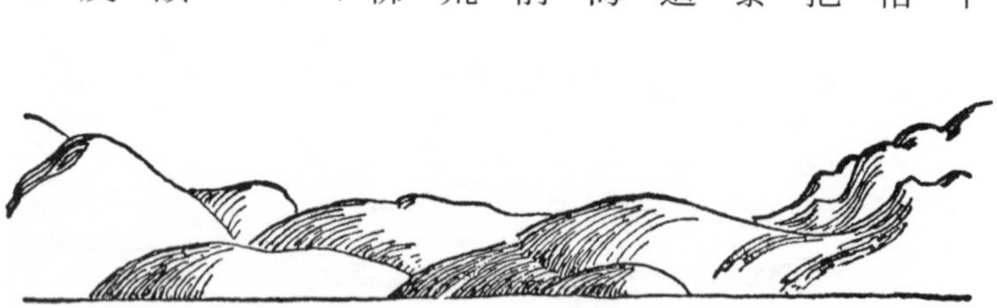

回超越了時間，那也無所謂。就連船上的食物也不會讓你脫離時間的恆常；永遠是三明治，又是三明治，始終是鹹肉和魚、褐色山羊起士佐楓糖，無論早餐、午餐和晚餐；我讓手表停止，讓日期、年月和世紀從我腦裡滑落；倘若人活在永恆之中，又何必知道幾點幾分？

這裡沒有夜晚，甚至也沒白天；只有晨間，這時太陽依舊低懸，萬物被晨曦染金又沾上露水銀輝，上半日的太陽精巧耀眼；緊接著一刻不停歇就來到向晚時分，這時太陽早已低沉，夕照潑灑金暉，紫霞漫捲的夜色鬱鬱幽幽卻透著幾分甜美。無非是沒有起點的早晨倏而轉為沒有終點的黃昏，正午高而亮的拱弧從未把蒼穹撐高，沒有盡頭的金色黃昏在焰紅的午夜融入沒有起點的銀白清晨，又是白天：永晝，龐然的一天，從它的第一刻和最後一刻憑空加長的白天。

我知道每個地方都有美妙的時刻；這無所謂，金碧輝煌

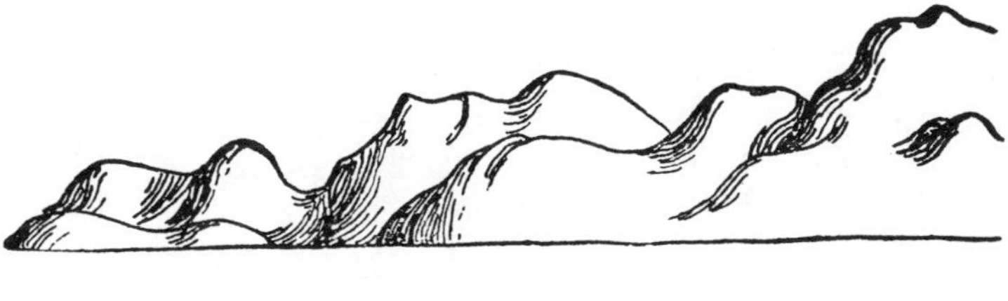

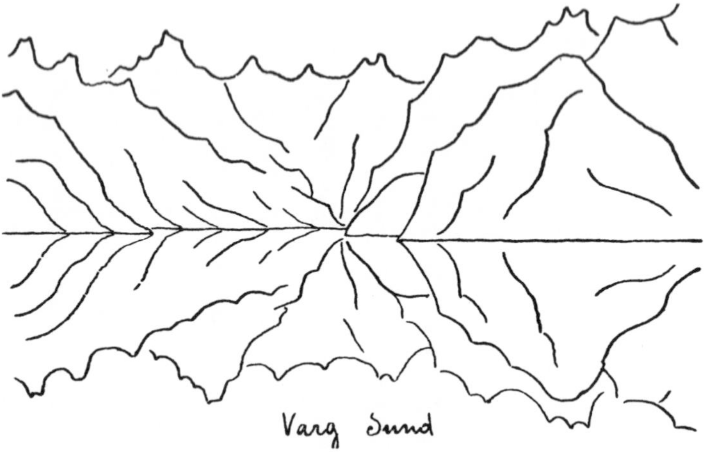

的日落，大地沉睡中的拂曉，世界各地都有這等美好時刻，無需贅言；但那些片刻轉瞬而過，留也留不住，約莫一刻鐘，好景即消逝。但在這裡，在斯傑恩峽灣（Stjernfjord）、在洛帕韋（Lopphavet）、在格羅海峽（Grøtsund）等等，我們有數小時金芒閃亮的落日；夕照霞光撒滿大半天際和海洋，整個西方和北方已經燒得紅彤，東方已經著了火，另一頭已漸漸破曉，晨暉初露；此時海天合一，融為輝光絢燦又詭譎之物：既是流金暮色，也是透白拂曉；冷冽晨曦篩落赤火晚霞，而在奧藍山峰之上，一輪熾烈的太陽已經升起就位，深夜緋紅的光滑海

面逐漸盪起清晨的銀澤細浪，明亮的地平線周圍隨同黎明的素簡凝斂轉為冷白。太陽停在基遍（Gabaon）[16]上方，浮士德的心願實現了：那停駐的瞬間如此美麗，在時間與空間的恢弘裡無盡延續。你去向何方，人哪！難道你不明白這裡是彼世、這裡另有一套嚴明的秩序？是的，我明白：片刻變得無限長久，時間的止滅沒有窮盡。

老天，那是什麼地方，我們在哪！我跟你說，這是瑪拉根（Malangen），那小港灣名叫莫恩斯內斯（Målsnes），只是那無關緊要，不過是穹蒼一隅；就在午夜前下起

16 譯註：耶路撒冷以北的迦南和以色列城市。

了短暫的毛毛雨，隨後雲朵燃起赤焰，像飄飛的黃銅火炬，升到靛青的山盔之上；夕陽在金色大海上方露臉，薄灸刃似的從北往南劃破海面；山巔從撲朔的黛綠和奧藍，漸漸透出粉紅霞光，小港灣上方，一道午夜彩虹拱起亮麗的弧，沉入夜色深處，群山在這壯闊的絢爛火光中怔住了，血紅的山岩，其上白雪瑩瑩，這彷彿聖禮餐、彷彿舉揚聖體，而太陽，幾乎只是地平線上極遠處一個熾紅的點，在北方午夜報時。此時，有個方下巴、話不多、上了年紀的輪機師從機房爬上來，朝港灣碧綠的海水吐口水，又一面咕噥著什麼、一面往下走回機房。

特殊的恩典，沒錯，特殊的恩寵與慷慨，上天賜與我們神聖的太陽，還有萬千形貌的雲

氣、霧靄、彩虹和驟雨；是的，我們一飽眼福；我們穿過彩虹拱弧下方，在夜裡駛入乳白霧靄，結果寸步難移，不斷鳴汽笛發警報。我們看見山峰飄浮在白雲之上，山腳被陰沉天空截斷，落在水面上像濕漉漉的麻袋。我們看見山稜搖著小羽扇似的雲，有如火山吞雲吐霧，煙波迷離，彷彿對著清透的玉髓呵氣，整片天空流雲舒卷縹緲空靈，我們看見雨濛濛的灰海、藍海、紫海，化為流金的海，還有像肥皂泡泡虹彩流轉的海、金屬光澤的海、珠光海、綢緞海、沉默頑固的海，感謝老天，這些夠多了；而在安靜歡快的奧福特峽灣（Ofotfjord）後頭已經是那維克，旅程的終點。

IV —— Norway

挪威

夠多了，我們見識了一切；但同樣的行程我還想再走一回；我還想看看這裡的夜晚。無止盡的夜晚。無止盡的闃黑天空，還有大海、閃爍的小燈塔和忽明忽滅的浮標、小紅光與小白光、霧色中燈火搖曳的人類窗口、港口的燈、冰山上的皓月、漁夫的燈籠、霜夜裡閃耀的星光；漆黑的歐洲終點伸入漆黑的無盡黑暗。那肯定悲傷，老天，那肯定悲傷！不過世上其他地方的悲傷也不會比較少，我們來這裡豈會承受不了？我們見識了一切，但只看到光明面；人懂得真少，這宏偉的小小一片挪威土地，尚未領略全貌的人，懂得真少！

那維克

那維克是個港口，也是世上最北的鐵路的終點（除了摩爾曼斯克〔Murmansk〕[17]鐵路之外，我沒把它算在內，是因為我沒去過那裡）；它靠運送基律納（Kiruna）的礦石、瑞典木材和挪威鯡魚維持營運；此外，它也是四個峽灣的交會處，周圍高山峻嶺環抱，像是沉睡皇后（Sleeping Queen）、哈江山（Harjangsfjellene）和其他知名山峰，峰頂覆蓋著冰冠，也許比別處都來得尊貴。它不會輕易放過你：如果你來到群山之中，你會開始爬上山去仔細瞧一瞧。

那裡有隻貓，牠豎直尾巴跑下來跟我們會面，然後大約有半小時，牠陪著我們走入山區；某處傳來瀑聲淙淙，山松的姿態古奇，好比教堂的枝狀大燭臺，所以我把它們畫了出來。岩高蘭、雲莓、白毛羊鬍子草、燈心草，還有其他沼澤和泥煤植物；我把它們一一指出來，所以你知道我非常留神。不一會兒，下方遠

17 譯註：俄羅斯西北部北極圈內的城市。

IV —— Norway

挪威

處平靜的奧福特峽灣在岩崖和松樹叢之間閃現，而上方的山崗穹頂上，雪原閃著晶光一望無際；對男人來說這樣不夠，他對自己說，必須瞧一瞧那山背後面有什麼，於是又再往上攀爬；然後我意外發現了後來我迷路的地方。

那只是個毫無遮蔽的裸礫高原，像看掌心一樣一覽無遺；到處是小泥煤潭，遍地蔓生的杜松、樺木或藍柳（吐蘭柳〔*Salix lapponum*〕）；就這些，除了高處閃著晶光的冰河，還有一座跟馬特洪峰（Matterhorn）[18]一樣險峻迷人的山巖；我在泥煤潭上方找了一顆巨礫坐下，打算把它畫出來。我知道有人看見我在那裡畫畫；但突然間我不見了；因為那巨礫上瞬間不見人影。每個人多少都有一點怪癖，明理的人會任他享受片刻的天馬行空，但是五分鐘後，沒再看見我坐在巨礫上畫畫，他們感覺有點異樣，開始呼叫我、搜尋我；他們意識到我失蹤了。他們在巨礫之間尋找我的下落，第一個鐘頭搜尋我的人影，第二個鐘頭尋找我的屍身；當他們遍尋不著，幾乎認定我跌落小潭、沉入無底泥煤之類的，他們奔到那維克找人來把我打撈上岸。說也奇怪，我們人類總要為一切找出道理，或合乎常理的解釋；在挪威的山區，你知道，人們經常失蹤，連他們身上的鈕釦也找不到。拉普蘭人說，山把他們帶走了。只是一小時過後，他們發現我坐在那維克山路旁輕撫著貓，拉著牠驕傲的尾巴，手裡握著牠捉來給我的一隻活老鼠。據他們說，我詫異

18 譯註：阿爾卑斯山峰之一，位於瑞士與義大利之間的邊境。

地抬眼，咕噥說怎麼讓我等那麼久之類的話。沒有人知道我怎麼走到那裡的，我也說不出究竟怎麼回事；也許和那隻貓有關，貓有魔法，只是我不知所以然。由於當時早已過了下午五點，可怕的魔咒已降臨那維克，他們管它叫禁酒令，所以沒辦法慶祝我被尋獲，也沒辦法解釋事情的經過；於是這一天就這樣結束了，只好把我的歷險保留在完全的清醒中。很久之後，當我看著那維克上方冰冠覆蓋的山頭，我心裡仍在琢磨；午夜過後，那維克的年輕人依然在明亮的街頭晃蕩，等待就寢的徵兆；但徵兆沒有出現。

奧福特鐵道

一列電氣小火車把我們載到明媚的奧福特峽灣最後一個水灣——霍肯埃達斯坦號此時會在哪呢！嗯，很可能周遊在羅孚敦群島港口之間；在每個港口碼頭，我們的狗會等在那裡，好奇地搖著蓬亂的尾巴。直到這會兒你才想到——其實，搭乘霍肯號的同一船人都成了好朋友；沒有人閃過這個念頭，但就這樣發生了；

整趟旅程中或許我們從沒交談過，只是偶爾瞥見彼此；可是當別離的一刻到來，大家情感洋溢地握手道別。再會了，那是一艘好船；它仍會搭載說各種語言的人，他們不需交談、磋商和開會，縱使如此，旅程的終點還是會彼此握手道別。

挪威土地只剩一丁點了；在這裡，可憐的東西，從海上到瑞典邊境甚至不到十海哩寬；可是放眼盡是山巖，盡是冰帽覆頂、絕壁危峭、懸泉飛瀑，那就是亨達稜（Hundalen）。這裡幾乎不可能設立防衛站，環顧四野滿目冰丘與峻嶺，隨時有隧道把我們拋向更荒蕪嶙峋

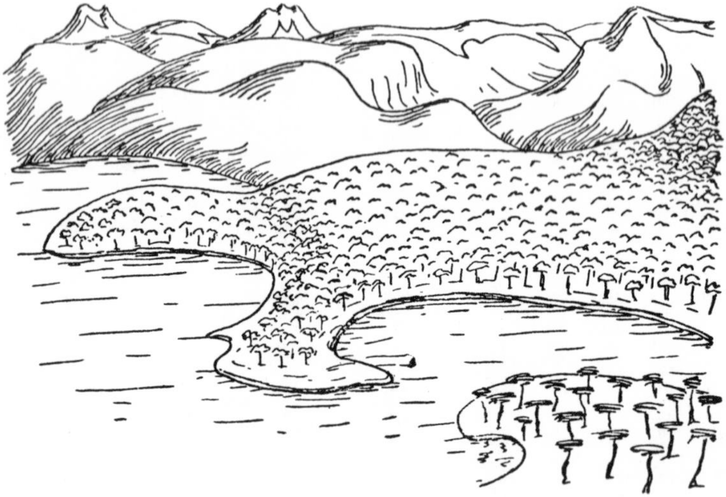

的世界。這不打緊，整個挪威還是一方美好的土地，居民也很和善；若要說那裡有什麼令人不悅的，我只會說那一團美國教會、蚊子和局部的禁令；此外，有一道料理我並不喜歡，我當然一口也沒吃，所以不予評論。秉性溫厚的人住的一片樸拙美好的土地；一片鄉村小鎮的土地，勇敢的人安靜自持地棲居明淨的一隅，在最明淨的一方天地之中。

V

Again in Sweden

又回到瑞典

北歐苔原

——迷人、不朽、時而恍若仙境；然而我們已經穿越形同國界的隧道，來到瑞典。以前這裡有邊防站，但因為氣候嚴苛撤掉了；後來移到更往瑞典境內的瓦希饒勒（Vassijaure），這裡不再屬於山區氣候，海拔高度足足降低了二十五英呎。你隨即注意到：這裡已經是遍地巨礫、暗色沼澤和鐵灰色湖泊；事實上，它形成一個龐大的巨礫臺地，礫石堆疊在山壘之間陡直落入海中。在這些原生岩中，只見稀

Torneträsk

稀疏疏的燈心草或羊鬍子草、少許矮樺木，別無其他；往阿比斯庫（Abisko）去的道路斜坡下方，苔原增加，一望無際的樺樹叢蜷縮在山峰之間，不見邊岸的托訥湖（Torneträsk）滲入樹叢間，湖中小島含翠吐綠閃著亮光；我們身處拉普蘭的最核心。當然，從火車上你看不到有馴鹿漫步、充滿在地風情的拉普蘭原始聚落；可是當你遇到拉普蘭人（穿民族服飾）兜售紀念品，又遇到拉普蘭婦女（穿民族服飾）在一塵不染的瑞典紅屋裡當女侍，你會相當吃驚，心中暗想，世上民俗風情的窘狀叫人憂心，如果它就像你在世上任何地方都會看到的，若不是淪為觀光產業的符碼，就是對於遠不如它生動有趣但顯然更優渥的民族卑躬屈膝的象徵；似乎這世上的民族服飾和民俗特色，如今只能在靠它謀生的人身上看到。當然，此風不可長，但我確實已經在哀悼這淪喪至此的小小人間之美和所謂的民俗尊嚴。

另一方面，我希望，大自然能夠留住原始的拉普蘭特色久一點；部分是因為阿比斯庫這一帶被當成自然公園保護著，也許是生怕有人會冒出在這裡種植甘蔗或把它變成咖啡園的念頭，但多少也是因為這裡除了長在苔原的樺樹和柳樹（還有一些小型野草，從火車上看不出是什麼草）之外，什麼也種不起來。

Vassijaure

至於那些山，它們的地位不再那麼明確；人們從山裡找一些可用來製造軍備的物資，或非軍備用的，然後把大量如山的物資裝上貨車，經由那維克運往克虜伯家族（Krupp）[1]的兵工廠或阿姆斯壯（Armstrong）[2]公司的工廠，就像在以前名叫基律納瓦拉（Kirunavaara）的山曾有過的遭遇；現在它不再是一座山，而是七億噸頂級的鐵礦石礦體。我把它畫了下來，連同映著礦山倒影的羅薩耶爾維湖（Luossajär-

1 譯註：十九和二十世紀德國顯赫家族，在二戰時是德國最重要的軍火生產商之一。

2 譯註：應指 Armstrong World Industries，阿姆斯壯世界工業公司，一八六〇年於美國賓州成立。

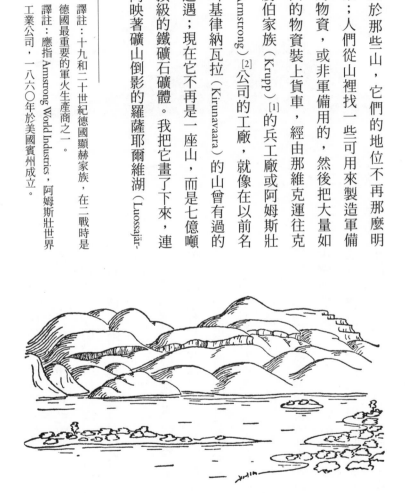

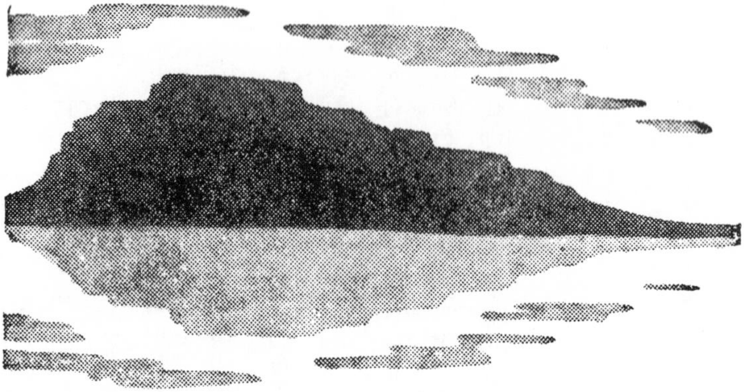

vi）；但是基律納（Kiruna）鎮，蓋了規格一致的紅色工人屋舍，也具有社會的、人文的和現代工業的其他一切成就，坐落在可悲的苔原綠沙漠中，我的畫沒有餘裕容得下這個鎮。

於是無邊無際的北極苔原緩慢但明確地轉為北歐森林：起初不外乎岩石，和低矮灌木，到處是樺樹根樁，還有枯木，遍地可見閃著金光的五指草，或不管它是什麼（可能是五蕊莓）；接著林下灌木叢不斷變粗，更高也更蓬亂，窮目所及，到處是樺樹那被白色小火舌紋身的樹幹，以及交織其間微光閃耀的纖細山楊、暗色赤楊叢和銀柳，在楊柳底下、岩高蘭底下、樺

V —— Again in Sweden

又回到瑞典

木底下，遍地湧出泥煤，盡是又黑又濕亮晶晶的泥煤。在起伏的低矮植被之上，扭曲的乾涸樹幹挺身撐起稀疏的樹冠；多癤松樹叢蓬亂枝椏交錯，讓林子暗了下來；很奇怪，這裡沒有我們山區常見的矮松，只有高挑卻堪憐的松樹頑強求生。如今它打贏了這場仗；它仍舊有很多癤瘤，受風暴肆虐形容憔悴，又被大雪摧殘，不過它弱幹強枝的模樣，為這整個國家憑添一種堅毅肅穆的氣質。樺樹愈來愈少，松木的地盤擴大；從濃綠的懸鉤子之間，從匍匐蔓生的杜松之間，第一批刻苦的冷杉根椿和樹幹抽長，像桅杆似的，在風的鞭抽下長成最怪異的掃帚和刺棍，顫動著前翅和長臂。有很長一段時間，它還不是森林，也還沒有植被聚集；每一棵樹與自然環境、與土地單打獨鬥，形成不同的姿態、不同的格調，各自受命運撥弄；它不是森林，而是龐大的戰場裡大批的戰士各自搏鬥。你能怎麼做，要在絕地求生，人人得自求多福；拿出你的本事，表現你的氣魄。生活大不易，遇過多少危難都一樣；你會看到那些樹，盡是吃了敗仗的哥薩克騎兵，盡是身經百戰的老兵；這棵骨瘦如柴像唐吉軻德，那棵皮開肉綻像日本武士；有青筋赤露的魁梧傢伙，疤痕累累骨節突出，有傷勢慘重的朝天空抬起恐怖殘肢，有神氣活

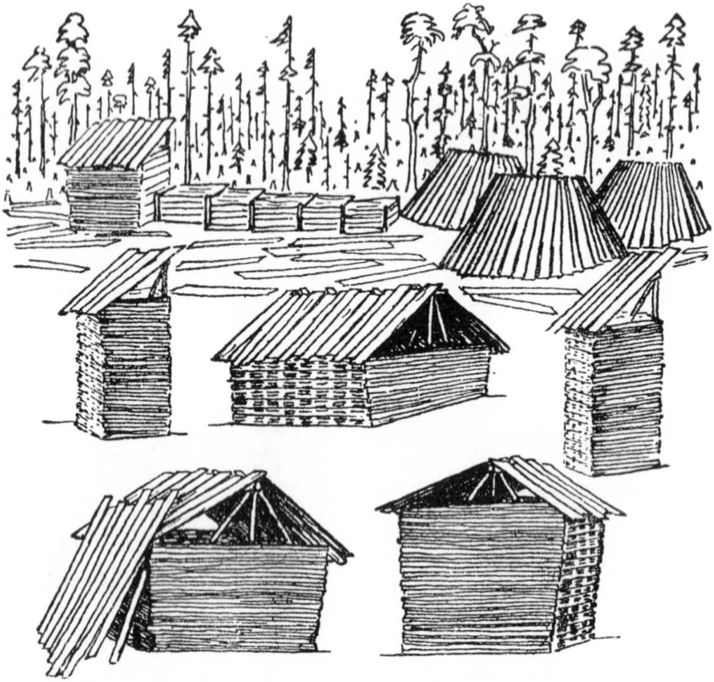

現的大肆吹牛，有餓得鳩形鵠面的，背運到這般地步，他還是死命苦撐；執拗的老戰友，瘦削得只剩一身骨架，但你瞧，他們就是不屈服；這樣咬緊牙關不吭一聲的硬漢真是沒話說！萬能的神，祢在這裡組了一支精銳部隊來抵禦北方；他們腳下盡是一幫淘氣鬼，一棵精明可愛的小冷杉，

V —— Again in Sweden

又回到瑞典

一個難纏的小伙子頭被雷劈成兩半，還有個瘦長俊俏的傢伙，幾綹頭髮下橫眉怒目，意氣風發要當個男子漢；我跟你說，你始終看不膩北歐這勃發生機；而且依我看，你也找不到別的地方像這裡奇葩薈萃；除非，你提醒我挪威峽灣的雄山奇岩。

草木稀疏但很明確，這北方的林地邊緣，只是無論飽經風霜的、頂天立地的、蓬亂不羈的，無不披著絮氈似的苔蘚！到處可見小黑潭閃著晶光，遍地是黑石堆，處處是一簇簇韌草，和厚絨似的棘藤；晶亮的蕨類像一朵朵小火花耀動著。徐徐地，緩緩地，北歐苔原整隊進入稀疏的森林，林中有桅杆似的冷杉，和教堂穹頂般宏偉的松樹；這裡有些樹你將畢生難忘，就像某些人的臉孔；有些樹簡直神聖不可侵犯。接著突然間林中露出一大片空地，新闢的光禿禿空地，醒目地堆放著伐木，一片又一片沼澤地，紅豔豔的長滿了柳蘭，或長滿銀膠菊搖曳生姿；北歐森林也是厚木板和梁木的產地；在這裡，寬闊的河川已經水勢徐緩，悠悠哉哉不止歇地把沉靜不語的木材帶離森林。

瑞典森林

事實上，你從北極圈一路穿越它們來到斯德哥爾摩；前後二、三十個鐘頭，快車急奔南下，始終在森林裡疾行，沿途盡是森林，這種列車不多見哪，先生：我必須承認，你找不到像瑞典這般舒適和開闊的地方旅行。當然，樹林時而會往後退，讓出一小片綠草地，就像在北博藤省（Norrbottenslän）這裡，人們為了貯存乾草，造出討喜又滑稽的木屋，彷彿有人從上面將它們壓扁似的；它們被壓出摺痕，屋側中央向外尖突。愈往南農舍愈寬敞，像充了氣咯咯叫的母雞；不過，南下在翁厄曼蘭

Pikälv

Norrbottenslän

V —— Again in Sweden

又回到瑞典

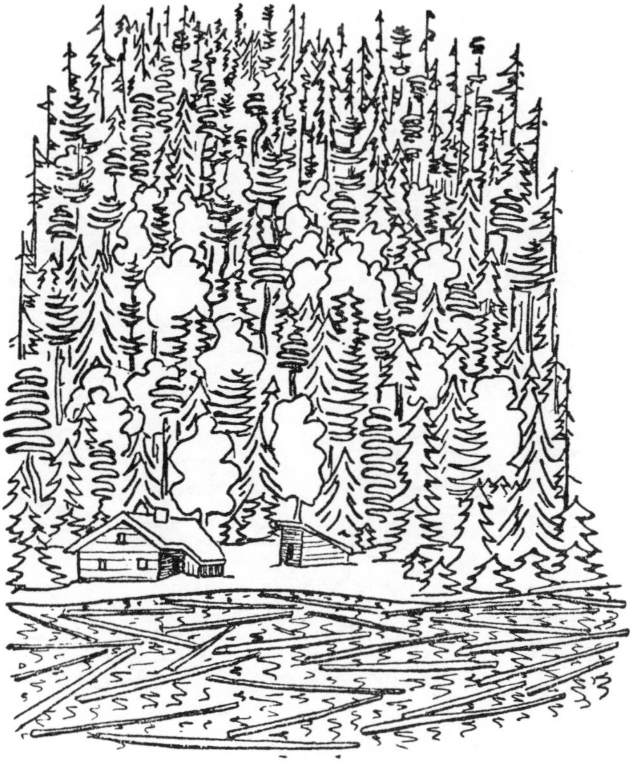

Ångermanland

（Ångermanland）、耶姆特蘭（Jämtland）一帶，房舍依舊是用黃褐色大梁木蓋的，而且房屋底座由小木樁架高，跟山區的屋舍一樣得體；只有在海爾辛蘭（Hälsingland）一帶，才開始看到瑞典的白框紅屋。

接著是河流：隨時會看到河流切穿無邊無際的森林；這些是像湖泊般寬闊幽靜的河流，或清新小溪瀉入激流，黑白分明濺起水沫；但多半是浩浩淼淼的大河，在上游把自身的爆發力交付給發電廠，這會兒倒實事求是，耐著性子，懶洋洋地把採伐木運送到鋸木廠和港口。你會看到呂勒河（Luleälv）、皮特河（Piteälv）、伍畢河（Åbyälv）、玉茅河（Umeälv），以及翁厄曼河（Ångermanälven）和達爾河（Dalälven），還有很多我記不起名字的河；即便我們的拉貝河（Labe）或易北河（Elbe），相比之下，不過是古老的凱爾特河（Celtic elv）。

其餘的土地盡是北方森林；窮目所及，自綿亙的山稜往下到平原，被無數河川切成細條，除了森林還是森林，無邊無際的森林。丘陵上樹海搖曳，平原上一片暗色林地；但抬眼可見高聳突出的木造建物。我說不出是什麼，也許是觀測森林大火的瞭望台，或之類的。我要如何描述森林給你呢？我應該從外緣說起，可是說實在的它沒有外緣：除非有帶狀的一片紫色柳蘭，除非有及腰的蕨類植物；再往前一步，接下來已經要費神地從森林中橫臥的樹幹、叢生的野草掙脫，穿越糾結的樺木，穿越幼齡冷杉林，和纏繞其上的黑莓，撥開多刺的覆盆子；你不過踏入那森林一步，卻馬上有種人跡未至的感覺。那麼，我們從矮樹叢開步走；你看，那不是磨菇嗎？沒錯，多漂亮的蘑菇！瞧，你們瑞典人，我從森林帶來滿滿一帽子的蘑菇和赤褐色的牛肝菌給你們；在那森林裡我走到了從未有人類涉足的地方；這就是有那麼多蘑菇生長在那裡的原因；你們怎麼說？什麼，那些蘑菇有毒？你們絕對不吃？他們不聽我說，他們說那

些不是食用蘑菇；但我不敢相信這麼睿智開明的一個國家，會有這種不人道的迷信；我想，他們這麼說只是為了不讓人去採蘑菇，因為一進森林肯定會迷路。（我試過；不出三分鐘，我就不知道那些蘑菇長在哪，也不知道自己從哪個方向來、該朝哪個方向走，我甚至忘了自己的名字；多麼濃密的森林。我不禁在想，將來會不會有人發現我的屍首，而且周圍散落著大量蘑菇；結果我離道路才不過五十碼而已。）有位女士，我知道她在其他時候面對命運的播弄總是堅定不移，但是來到瑞典森林邊緣卻忍不住掉淚：看到這麼多的蘑菇和牛肝菌，卻只能任它們留在原地，對她的意志力是嚴酷的考驗。我發現就連自己也很難把目光從蘑菇移開（譬如斯莫蘭〔Småland〕的橡木蘑菇、南曼蘭〔Södermanland〕鏽黑色漂亮的草地蘑菇、長在東約特蘭〔Östergötland〕鐵道碎石中的大蘑菇，還有那些橘紅色的牛肝菌！）（我曾經翻過樹籬尋找蘑菇，遇到一匹黑色駿馬朝我奔過來；也許牠只是想跟我玩，但是在森林中出現的馬簡直是神駒，況且那裡還有個盧恩石碑，所以我也很難說；也許那背後真有什麼魔法）；不過就怕有人說我見菇不見林，我得重新來過，森林約莫像這樣：

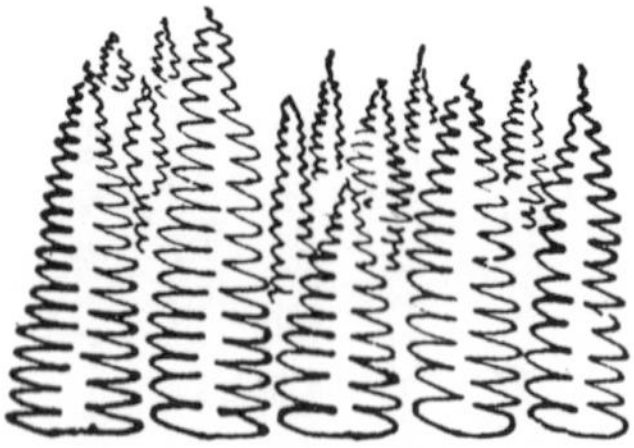

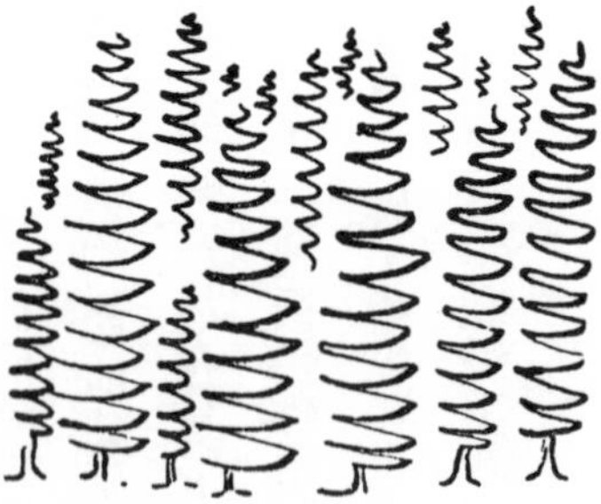

V —— Again in Sweden
又回到瑞典

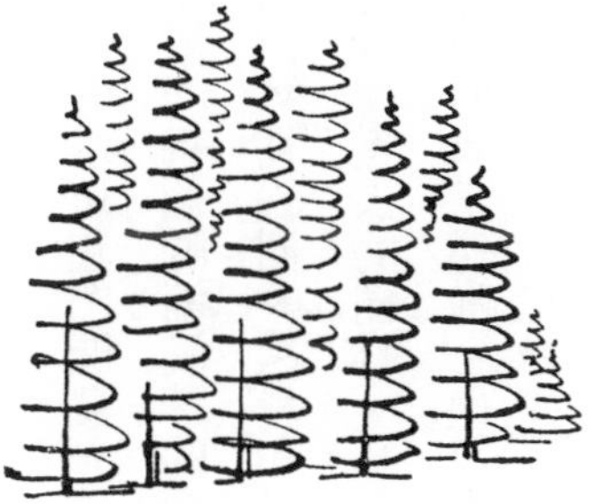

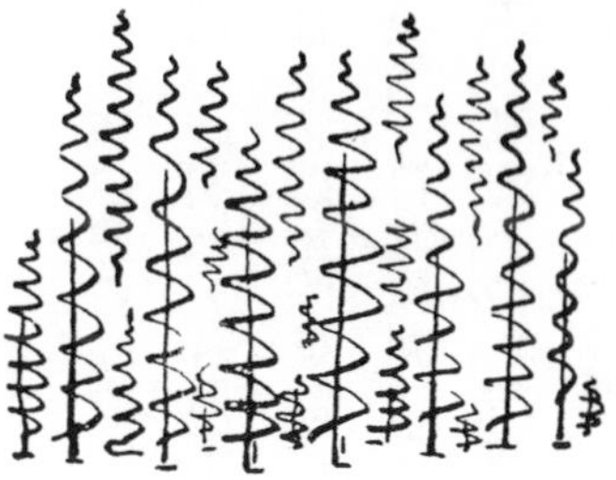

假如你把所有泉水和小溪、所有浮萍蔓生的深潭、有鵝在游水的池塘、所有可悲的水坑和閃閃發光的沖溝、在彎曲草梗上和斗篷草葉片上的每顆露珠、人類住屋的每個唧筒滴落的銀色水珠匯集起來，也許會是汪洋大水，但無法成海。假如你栽種松樹、冷杉和樺木、雲杉和落葉松，從巴黎一路種到華沙，無疑會是數量多得嚇人的樹林，卻還是造不出北方森林；那並非只要有那些樹且地域遼闊就能成的。當然啦，這般大量的群體具有某種特質——我要怎麼說呢——一種巨大與不朽；但北方森林還多了點什麼，像地質形成那般原生和原創的東西。有人會說，這裡的一切是大自然在地質的某個重要時刻吐出來的，就像大自然吐出花崗岩和散布白堊岩那般；而現在，老兄，你可以鑿開小岩塊、劈斷小樹枝！你說不定還能破壞它，有何不可呢；但你造不出它來，你造不出北方森林。人們說一座森林；它憑藉的是數百萬計的樹幹，但它是一堵牆、一整片、一道極長的滾滾綠色浪潮，自北極圈往南席捲六百英里：彷彿在上面，在北方！北方！那兒有一口深不可測的不朽生命湧泉，讓林木蔓生擴散，如洶湧湍流，如滂沱大雨，如瀑布澗泉，大片大片漫延，而靜悄悄的回水始終往下，往南！南方！直到耶斯特里克

V —— Again in Sweden
又回到瑞典

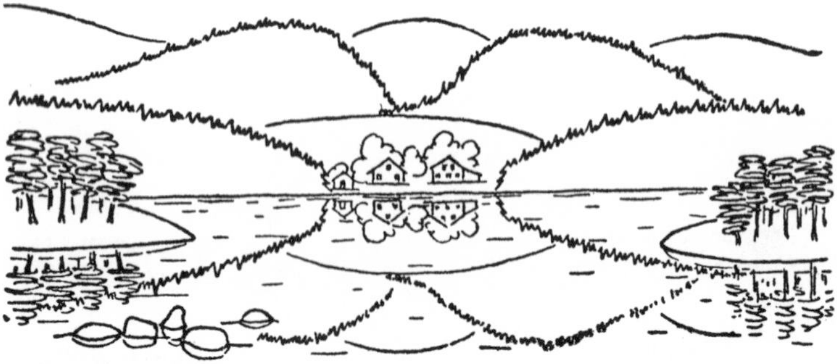

蘭省（Gästrikland）、耶姆特蘭省（Jämtland），越過達爾河（Daläv），人類才會拿著斧頭攔住你的去路，不讓你再往前一步，你這北方森林；沒錯，靠近於什霍爾姆（Djursholm）的這一小片和梅拉倫湖除外；這裡不過是賞心悅目的雜樹林；但在這裡，南方人會用牛耕作來對抗北方森林的狂放不羈。

古老瑞典

Suecia omnis divisa est in partes duo，確實，整個瑞典劃分成二十四個省（län），但實際上是分成兩大區：從厄勒海峽往北遠至斯韋阿蘭（Svealand），也就是正好越過烏普蘭（Uppland），屬於古歷史的瑞典，這一區散布著許多大教堂、要塞、城堡、舊城、國

V —— Again in Sweden
又回到瑞典

王紀念堂、盧恩石碑，大致上都是古蹟遺址；但是從烏普蘭往上一路到北極圈，總的來說這一區不外乎花崗岩、瀑布和北方森林；那是太古的瑞典。

在瑞典的歷史區，朝聖的目光馬上被大量的教堂吸引；其中一些是宏偉的大教堂，裡面有古代諸王的陵墓，布拉赫伯爵（Counts Brahe）、聖人彼濟達（holy Brigits）的墓也在這裡；但我沒法把在林雪平（Linköping）或隆德（Lund）的那種大教堂畫給你看，因為畫了也是白畫，哥德式風格應該在石頭上雕琢，否則就不算數。此外，在隆德他們有個精美的諾曼土窖，裝飾著巨人費恩和他老婆的很多傳奇和歷史故事；我很遺憾地說，我不了解瑞典人，也聽不懂在地導遊關於瑞典的解說；我只知道我眼睛看到的。我也看到位於恬靜墓園中央著名的佛雷塔修道院（cloister Vreta）；我把那座教堂畫了下來，所以你會看到那些教堂也蓋得像鄉村農莊，無非加蓋一些建物，像是上主的羊棚、馬廄和木閣樓，以種種方式斜倚和圍聚在聖言的農莊主建築。不過，大體上就是個小村莊教堂，從古橡樹、菩提樹和白蠟樹之中，從綠波翻湧的稠李樹和楊柳之中聳現，伴隨著角塔、山牆、屋頂、穹頂和洋蔥頂；我把形形色色各種教堂都畫了出來，從某些又細又尖像紡錘

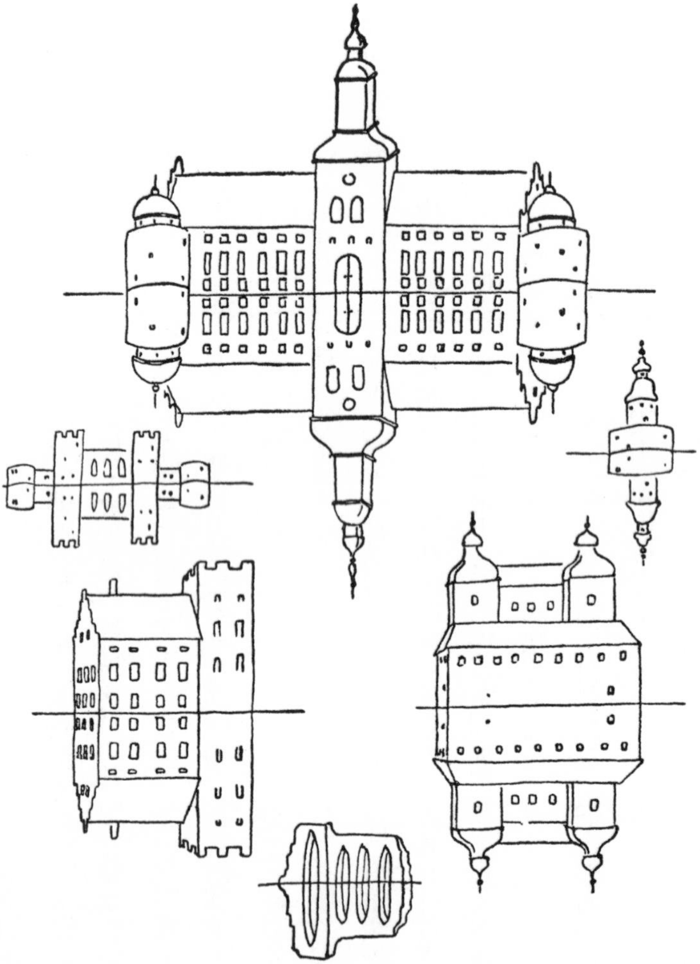

狀的，到又寬又低看似消防員頭盔或平民小禮帽的典型瑞典穹頂都有。有時會看到某座瑞典教堂甚至徹底揚棄塔型構造，僅豎起木造鐘樓：整體來說，這裡的教堂占地寬敞、外觀素樸，閒適地坐落在這塵世真誠敞開的掌心裡，不會使出虛榮可悲的手段，爭先恐後擠入天堂；那肯定是清明的心靈和有人性的新教教義起的作用。

這裡的要塞城堡通常矗立於平靜的湖畔；在我看來，與其說是封建時代防禦外侵的考量，不如說是為了營造美麗的倒影；這就是它們把角塔、穹頂、燈屋和圓頂冠在塔樓上和稜堡

周圍的原因，這麼一來它們將美妙地倒映在湖面。你可以在卡爾馬（Kalmar）、瓦斯泰納（Vadstena）和萊克（Läckö）看到這類城堡，我不知道哪裡還有；修道院廢墟倒映在一潭池水中，破敗的堡壘佇立在光滑如鏡的湖面上。城堡矗立湖畔是昔日瑞典的特色，另一特色是在古色古香的長路盡頭的鄉村宅邸，紅白相間的小城堡隱身在樹蔭濃密的小庭園裡。瑞典的民主政體並沒有廢除貴族，只是任其衰亡，就像駝鹿或貂自然凋零一樣，換句話說，手法高明又帶有虛偽而徒然的同情。

最後，瑞典歷史區密布著盧恩石碑，和花崗岩巨礫造的古墓。有時你會認為，那些不過是林斯特龍（Lindström）和林德貝（Lindberg）草原之間的界石，而熱愛考古的人看到盧恩石碑可會雀躍不已。有些地方的墓石被排列成完整的圓，或維京船形狀；有些地方，一顆巨大花崗岩像屋頂似的擱在兩個石塊上方，為遠古的某位拉森氏（Larsen）的遺骸形成庇護；現代遊客繞著古墓遊晃，納悶著遠古時代的人如何把大得驚人的礫石抬高。我為你畫下了其中一座古墓，它就矗立在特萊堡（Trälleborg）城外的大路旁；說也奇怪，這類對於往昔的見證，就像人們說的，帶給這國家何等的莊嚴和神祕。這是好事；時間的浩瀚悠遠就如空間的廣袤無垠，同樣都會讓人油然起敬又驚奇。但你無法想像如此神聖的地方，周遭竟有大量的白紙盒和薄塑料；我想，來到這裡旅遊的人肯定會在古墓拍照，當他老婆的一隻手斜靠在史前石頭上，另一隻手撥整被波羅的海微風吹亂的頭髮時。（「等一下，我的頭髮亂了。」老婆說。「不礙事的。」老公讓她安心，並迅速按下快門；世上又多了一張家庭紀念照。）

除了古蹟，瑞典的歷史區有很多乾淨的小鎮、紅色農場和古樹；不過，我把這一些留到下一節。

哥德人的土地

沒錯，我把古樹和草原、樹林、花崗岩和湖泊的畫留到最後，留到我向這些北方國家道別時；因為它們畢竟是北方最美的部分，或者說大自然最美的部分，比哪兒都蒼翠的大自然，那裡河川豐沛、草木蔥蘢、露珠瀅瀅，映照碧空，田園風光一派豐饒，恬適又有福的北方大自然。我畫下了紅底白框的農莊、黑白相間的牛群、繡線菊盛開的水渠、銀柳與暗色杜松、南曼蘭省（Södermanland）的花崗石丘、斯莫蘭省（Småland）如波濤翻滾的綿延丘陵、斯堪尼省（Skåne）的富庶明淨和沉穩。這沒什麼，我會說，沒什麼，但很美；與其描述它，我不如把它畫出來。那沒什麼：譬如說，小島倒映在平靜水面；但它為何看起來像有福澤的島？看起來沒什麼，不過是花斑牛在一棵古菩提樹樹蔭下反芻；就像熱愛畫牛和樹木的古荷蘭畫家筆下的一幅畫。

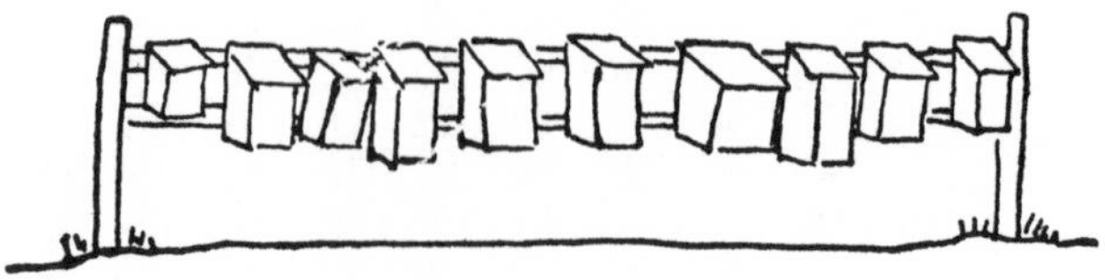

V —— Again in Sweden
又回到瑞典

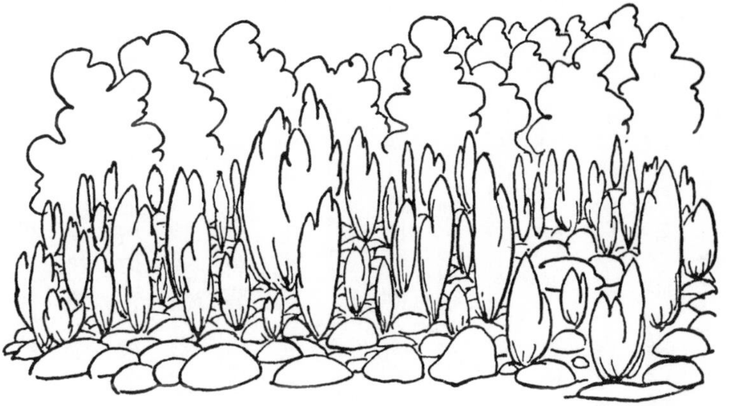

或者，不過是一座石橋橫跨在靜謐河水之上，但那橋彷彿通往彼端，你知道，彼端，在那兒無須匆忙、無須憂慮，甚至說不定沒有死亡。或者，只是綠林中的一幢紅白小屋；可是，你會覺得假使你住在那裡面你會很快樂；我知道要活得快樂沒那麼容易，而且你永遠學不會，說不定就算住到天堂裡也學不會；但在這樣一個國家，旅人會馬上相信和平、幸福、平靜等其他美德的存在。

一位博學傑出、對北歐事物異常通曉的人，領著我們走這一段路；他一手握著福特汽車的方向盤、一手指給我們看，概述每一區的考古、歷史、居民、遺址和特色。就這樣，在他左手帶路、右手在精神上指引之下，我們駛過南曼蘭省、東約特蘭（Östergötland）及斯莫蘭省，穿越斯堪尼省和馬爾默胡斯省（Malmöhuslän），一路平安無恙，最後抵達特萊堡的港口，那一趟路程我們顯然受到命運的特別眷顧。所以我可以談談這片古老的哥德大地，不過我想摻混一點尼雪平（Nyköping）、北雪平（Norrköping）、林雪平（Linköping）及延雪平（Jönköping），但我有點搞不清楚歷來的瑞典國王；因為國王的數目太多，多半是古斯塔夫（Gustavs）幾世和卡爾（Karls）幾世；關於歷史，我寧可閉嘴，免得說錯。我只記得東約特蘭的人具有特定的典型特質，而斯莫蘭人有別的特質，但情況也可能不巧要反過來；東約特蘭是寬闊、有福澤、帶有貴氣的平原，而斯莫蘭是起伏有致、更為貧窮的農村土地；不過兩個地區的道路兩側草木密生鬱鬱蒼蒼，而在家家戶戶旁邊、在被施了魔法的河川湖泊中、在每一處，都有土地微微隆起成形小丘，彷彿展現玲瓏腰身。始終像上帝的花園；只是不一會兒就有一顆花崗巨礫，在蔓生的歐石南和杜松的簇擁下，闖入這片豐饒之中，怪形怪狀的礫石散落一地，一顆裸岩揚起頭來；始終是那個不朽的史前石礫世界，在田園詩般恬淡的瑞典土地上處處綻放。

接下來就在旅程終點，北方迦南（Canaan of the North）映入旅人眼簾，平坦肥沃的斯堪尼地區，有風車和長長林蔭大道，花斑色動物星星點點分布著，還有寬敞的農莊，裡面有長如工廠的馬廄、有像隆德大教堂高聳的穀倉；這裡的人不再搭建木造房屋，跟瑞典其餘地區不同，而是用石頭蓋房子，還以磚頭固定屋梁，且田地裡小麥碩果累累、甜菜根豐收，此外，還有上帝的各色恩賜，最終會來到人類餐桌上。儘管如此，斯堪尼居民秉持苦行生活的簡單飲食原則，「飲食要適時，要吃得好，也要吃得飽」。我觀察到，凡是羊肥牛壯、古樹蒼蒼的地方，都住著優秀的民族；而這些來自西約特蘭（Götaland）的瑞典人，果真是偉大高尚的農人。所以你看，旅程的終點；兜了一大圈。從甜美的丹麥土地這有如漲滿乳汁的粉紅乳房，一直到世界邊緣，而那兒除了岩隙零星的小型北極植物一片荒蕪；接著越過北極苔原到綠草地，和黑森林；我們張開手心爬梳這一趟旅程，就像你走過玉米田，讓熟成的穗從指縫中滑過；在諾爾蘭（Norrland）你肯定得要深深彎下腰才能輕撫燕麥。而在斯堪尼這裡，這一大圈的末端接上起點；牧神和果實之神已再次賜福旅人——就像祂們在厄勒海峽另一端那樣。

Söderlälje

V —— Again in Sweden

又回到瑞典

Bråviken

Linköping
Skeningen
(Skeppsättning)

Östergötland

V —— Again in Sweden

又回到瑞典

Småland

Vidöstern

V —— Again in Sweden
又回到瑞典

Skåne

Skåne

夜晚

又來到了夜晚，波羅的海海面廣布著閃爍的亮光，預示著好天氣。越過綠光點紅光點，越過一閃一閃的浮標和燈塔的刺眼強光，燈火通明的海上旅館載著我們前往彼岸，那腹地更大的歐洲。你可曉得我想知道什麼？也許我只想知道，霍肯埃達斯坦號這會兒把麵粉、水泥和一群人載到了哪個峽灣；你可知在北方那裡夜還沒黑，夕陽僅沉入焰紅的日出極光。嗳，那是一艘好船；不是水上宮殿，的確，就像這艘一樣，可是呢，我們這些人彼此親近多了，也更貼近一些事物。

我不清楚自古以來這裡有過哪些偉大強盛的國家；嗳，嗳，你胸臆中怎能不充滿驕傲！我在這裡遊覽了三個國家——他們被說是小國；而你看到他們的體制

完善，如果你數一數他們的優點，你會發現數量會比陸地大國多得多。在這裡，歷史也製造了大量敵意、征服和戰亂；但都是過眼雲煙了；都沒有好處。有朝一日人們會明白，沒有一場勝利是值得的；如果他們真需要英雄，他們可以找到一個，像是在亨墨菲斯一帶出診的小鎮醫生，他在永夜裡駕著船，奔波在有女人分娩和嬰孩啼哭的群島之間。永遠都有勇敢而完整的人存在，縱使有一天戰鼓止息。

那麼，又是夜晚，墨黑大海上閃電橫空刀芒四射；這表示有暴風雨，還是有好天氣？這世界頓時顯得更可怖和可悲，當我們在夜裡仰望它！你看，老兄，不再有瑞典的薄暮，那清透的灰白，不再沁冷如海灣水域，也不再有午夜太陽的虛幻迷眩；這已是再尋常不過的、壓抑的歐洲夜晚。好吧，那又如何，我們看過了神賜的平靜，眼下我們再次返鄉。

灰冷的黎明漸漸破曉；在這種時候你會翻開露濕的早報，看看世上又發生什麼事。在這段時間，我們沒看新聞；所以啥事也沒發生，只不過，兩星期的永恆消逝了，那倒映在峽灣水面的挪威山巖，在我們頭頂上聚攏的瑞典森林，以平靜聖潔的雙眸凝視我們的溫馴牛羊。待第一則醜陋冷酷的新聞出現，旅程就真正畫下句點了。（沒錯，它來了：免不了是西班牙的悲慘劫數！老天啊，人為何會深愛著自己去過的每個國家！）

歐洲曙光穿透灰白的黎明。你能怎麼辦——現在旅程到了終點。從呂根島（Rügen）出航的小漁舟和羅孚敦群島的差不多，除了船帆不太一樣。說不定霍肯埃達斯坦號正在羅孚敦裸露的岩礁之間朝北航行。我跟你說，它是一艘好船，那是一趟很棒的旅程。[3]

3　作者註：老實說，它已成絕響，因為就在此際，我收到船長的來信，「現在我的舊汽輪已經降級了。所有的客艙都被拆了，就連我們吃飯的食堂也撤走了，現在它只載貨。這讓我很難過，我喜歡我的老汽輪。我現在在X.Y.號輪船上，載著郵件和乘客，在卑爾根和基爾肯內斯（Kirkenes）之間航行，但這艘船沒有我的老船好。」讓我們懷念她，直到她功成身退。

走進北國：挪威、瑞典、丹麥之旅

捷克最具影響力的文學巨擘
恰佩克唯一一部旅行文學

Travels in The North
Exemplified by the Author's Drawings

走進北國：挪威、瑞典、丹麥之旅／
卡雷爾・恰佩克（Karel Čapek）著；廖婉如譯.
－初版.－臺北市：馬可孛羅文化，2024.01
面；　公分
譯自：Travels in the north : exemplified by the author's drawings.
ISBN 978-626-7356-49-4（平裝）
1.CST: 遊記　2.CST: 北歐
747.09　　112022899

輸出印刷　中原造像股份有限公司
初版一刷　2024年01月

定　　價　400元（紙書）
　　　　　280元（電子書）
I S B N　978-626-7356-49-4（平裝）
E I S B N　9786267356500（EPUB）

作　　者　卡雷爾・恰佩克（Karel Čapek）
譯　　者　廖婉如
總 策 畫　詹宏志
總 編 輯　郭寶秀
責任編輯　林俶萍
封面設計　井十二
內頁排版　黃暐鵬

出　　版

發 行 人　凃玉雲
馬可孛羅文化
10483台北市中山區民生東路二段141號5樓
電話：（886）2-25007696

發　　行

英屬蓋曼群島商家庭傳媒股份有限公司城邦分公司
地址：10483台北市民生東路二段141號11樓
客服服務專線：（886）2-25007718；25007719
24小時傳真專線：（886）2-25001990；25001991
服務時間：週一至週五9:00～12:00；13:00～17:00
劃撥帳號：19863813　戶名：書虫股份有限公司
讀者服務信箱：service@readingclub.com.tw

香港發行所

城邦（香港）出版集團有限公司
地址：香港九龍九龍城土瓜灣道86號
順聯工業大廈6樓A室
電話：（852）25086231　傳真：（852）25789337
電郵：hkcite@biznetvigator.com

馬新發行所

城邦（馬新）出版集團 Cite (M) Sdn Bhd
地址：41, Jalan Radin Anum, Bandar Baru Sri Petaling, 57000 Kuala Lumpur, Malaysia.
電話：（603）90563833　傳真：（603）90576622
E-mail：services@cite.my